전방 100미터에
캥거루족이 등장했습니다

전방 100미터에
캥거루족이 등장했습니다

나목 산문

싱긋

【 등장인물 소개 】

뭐 쓰나...

주인공,
나

손주들, 잘 놀았어?

영상통화 중..

엄마

* 출연 빈도순으로 4컷. 캐릭터는 본인이 직접 선택!

차
례

등장인물 소개 · 004

나는야 장성한 새끼 캥거루 · 009
캥거루는 좋아도 강아지는 아니지 · 017
저는 이제 자유입니다 · 024
귀신아, 물렀거라! 나에게는 엄마, 아빠가 있다 · 032
정말 비혼 원해? 너 여잔데? · 038
30대 비혼자 백수, 올 명절에도 살아남았다! · 048
한집 살림에 위생 관념은 세 가지 · 055
누가 지금 골골 소리를 내었는가? · 062
덕질은 내가 한 수 위 · 069
캥거루족이 집을 떠날 수 없는 이유 · 077
리모델링? 인테리어? 뭣이 중헌디 · 085
너 캥거루? 나 캥거루! 하지만 모습은 달라 · 092
용돈이라는 이름의 부채 · 099
나도 아빠 딸은 처음이야 · 107

결혼하라는 거야, 말라는 거야 · 115

나도 '내 거실'을 갖고 싶어 · 124

미니멀리스트 가족일까? · 130

전방 100미터에 캥거루족이 등장했습니다 · 137

기혼자 첫째와 비혼자 둘째 · 142

외할머니의 딸, 엄마의 딸 · 149

캥거루족으로 살아남은 꿀팁 공개한다 · 155

참고 사는 것과 배려하는 것 · 163

금쪽이는 아이가 아니라 부모님인데요 · 170

아빠가 테무에서 비누 거치대를 샀다 · 178

'낀 세대' 말고 '전환기 세대'입니다 · 185

진짜 캥거루 족이 '문제'인가요? · 193

캥거루족이 문제가 아니었네 · 201

딸기를 씻으면 엄마 생각이 나 · 215

쿵 하면 짝 하는 사이는 아니더라도 · 221

포장된 국밥으로 사랑을 느끼다 · 228

내 행복은 내 행복, 네 행복도 내 행복? · 233

캥거루족으로 인터뷰를 했습니다 · 239

전하는 말 · 246

일러두기

일부 외래어는 통상적 표기에 따라 국립국어원의 외래어표기법을 따르지 않았다.

나는야 장성한 새끼 캥거루

33세.
33세 여성.
33세 여성이며 프리랜서를 희망하는 무직.
33세 여성이며 프리랜서를 희망하는 무직의 미독립 개체.

앞 단어의 나열을 지켜본 사람이라면 세번째 줄까지는 큰 감흥 없이 납득할 것이다. 하지만 네번째 줄에서는 고개를 갸웃거릴지 모른다. 무직과 미독립 개체라는 단어로 인과관계를 만들어낼 수도 있고. 하지만 나는 대학과 직장에 다닐 때도 독립하지 않았다. 즉 지난 33년을 꽉 채워 부모님 곁에 붙어살았단 이야기다. 20대 초까지는 지극히 평범한 보통의 자식이었다. 시간이 흐르며 캥거루족이라는 단어가 붙었을 뿐이다. 캥거루족으로 산 가장 큰 이유는 집주인인 부모님의 허락이 있었기 때문이다. 부수적인 이유는 내가 독립을 원하지 않았기 때문이고. 엄밀히 따지면 '미'독립이 아닌 '비'독립인 셈이다.

독립을 원하지 않는다고 이야기하면 지인들은 상당히 의아해했다. 자신만의 시간을 중요시하는 사람이라 당연히 빨리 독립할 줄 알았는데 아니어서 놀랍다는 반응이었다. 물론 아쉬움은 늘 존재한다. 평생 같이 살며 때로는 웃기고, 대체로는 부산스럽고 지저분한 내 모습을 본 엄마, 아빠라도 개개인으로 따지면 결국 남이다. 미치도록 이해하고 싶고, 이해받고 싶어도 그 사이의 갭은 어쩔 수 없이 생긴다는 말이다. 세상을 향해 열린 문은 모조리 걸어 잠근 채 내 안으로 침잠하고 싶은 밤, 아빠의 요란한 액션 영화 혹은 드라마 시청은 사람을 돌게 만든다. 서른 넘은 딸의 속옷을 직접 손빨

래하는 엄마를 보는 일은 매번 민망스럽고, 내 나이에 이미 조카 둘을 낳아 부모님을 웃게 하는 언니를 보면 결혼을 빙자한 독립이 답인가 싶어 혼란스럽다.

꼭 가족관계가 아니어도 독립할 이유는 차고 넘친다. 꼭두새벽에 잠들어 낮에 일어나든 하루종일 쇼츠와 릴스로 점철된 삶을 살든 잔소리할 사람이 없다는 점, 취향대로 손수 고른 가구와 소품으로 집을 꾸미는 로망을 실현할 수 있다는 점, 끼니마다 엽기떡볶이와 허니 콤보의 환상적인 조합을 즐겨도 상관없다는 점, 인간으로서 응당한 성욕을 해소하기 위해 '격정 키스신 모음.zip' 같은, 때로는 그보다 딥한 '으른'들의 사랑을 큰 화면과 음향으로 감상할 수 있다는 점 등. 대학 시절 학교와 먼 거리에 본가가 있거나 취직 후 출퇴근에 소비되는 시간이 길어 불가피하게 자취하는 경우가 아닌, 정말 독립을 위해 독립한 친구들은 다들 흡족해했다. 생활에 간섭할 사람 없고, 역시 가족은 멀리 있을 때 더 애틋해지는 것이 국룰이라고, 그러니 여건이 될 때 빨리 나오라고 요란스레 나를 설득했다.

그런데도 나는 왜 독립하지 않았나. 흔히 경제적 여

건을 먼저 생각할 듯하다. 전세 사기가 극성을 부리고 월세도 천정부지로 오르고 있으니. 나는 애초에 독립을 목표로 돈을 모으거나 모아야 한다는 생각조차 하지 않았다. 독립할 생각이 없었으니까. 어쩌면 독립 자금으로 활용될 수 있었을 쥐꼬리만한 돈으로 여행을 다녔고, 옷을 사 입었고, 맛있는 음식을 사먹었다.

그럼 불편한 점이 없어서 독립하지 않았나? 그것도 아니다. 대학생 때는 서울에 잠깐 살았기에 통학이 나름 수월했다. 졸업 후에는 거의 평생을 거주한 경기도로 다시 돌아왔기에 사회생활을 시작한 이래 출퇴근시간이 총 3시간 이내였던 적이 없었다. 날마다 전쟁 같은 지하철에서 진을 다 빼며 1호선을 향한 욕설을 퍼부었어도 내 분풀이 대상은 철도공사와 수도권 과포화 현상을 만든 정치인들이었지 아직도 갈 길이 까마득한 집은 아니었다.

그럼 왜 독립할 생각을 안 했나? 그럴 이유가 없다고 느꼈다. 아니, 엄밀히 말하면 나가서 얻는 스트레스보다 집에서 받는 스트레스가 더 적다고 생각했다. 매일 체기를 달고 반 좀비 상태로 지하철에서 내려도 엄마 앞에 마주앉아 그날 있었던 일을 질겅질겅 씹어대는 일이. 인테리어에 조금이라도 관심이 있는 사람이라면 모두 마다할 공포의 체리몰딩으로 범벅이 되어 있는 구옥 아파트일지라도 부모님이 있다는 안정감에 바깥 소음에 겁먹지 않고 편히 잠들 수 있는 집이 더 좋았다. 부모님이 언성 높여 다투는 소리에 이 나이 먹고도 겁이 와락 나더라도 "또 왜 그러는데!" 하며 시시콜콜 불평불만을 들어주는 개인 상담사이자 비평가가 되는 일이 좋다. 화장실 수챗구멍에 엉켜 있는 엄마의 머리카락을 맨손으로 집으며 부모님의 노화를 지켜보는 동행인이 된다는 것이 나에게는 더 의미 있는 일이다.

부모님의 의향도 나와 크게 다르지 않았다. 20대 후반에는 '정말 안 나가나?' 했던 것이 30세에는 '진짜 안 나가네?'가 되었고 지금은 '안 나가는 게 낫다!'가 되었다. 가스라이팅을 한 것은 아니고 엄마, 아빠가 하루종일 놓지 못하는 유튜브 속 흉흉한 뉴스들이 도움 아닌 도움이 되었다. 이걸 고마워해야 하는 것인지. 그리고 운전면허를 따고 자차를 보유한 나는 엄마에게 꽤 유용하다. 무거운 짐이 많은 장을 볼 때나 불편한 몸으로 먼 곳에 가야 할 때 좋다. 마음이 답답할 때 교외 나들이를 슬쩍 요청해볼 수도 있다. 그 밖에도 핸드폰이 말썽을 부릴 때, 보이스피싱이 의심될 때, 엄마가 자주 보는 건강 정보 프로그램에 나온 영양제가 효과 없음을 증명할 때 30대의 형형한 눈빛과 검색 능력은 빛을 발한다. 60대 두 명이 있는 집에서 30대는 존재 자체로 쓸모 있다.

 그래도 언젠가 한 번쯤은 혼자 살아봐야 한다는 것을 알고 있다. 오죽하면 심리학자들이 성인이 되기 위해 무조건 해야 할 일로 독립을 꼽았을까. 부모님 역시 언니와 내가 어렸을 때부터 서른 살 즈음에는 독립해야 한다고 선을 그었다. 그 말을 몸소 실천한 것인지 언니는 딱 서른 살이 되던 해 결혼하면서 출가했다. 이미 서른을 넘긴 지금의 나는 독립할 수 있을지, 아니 하기는 할지 잘 모르겠다. 언제까지 부모님이 나와 함께할 수 없다는 것은 안다. 부동산 계약, 관리비 납부, 보험 관리 등 특정 영역에서는 내가 순수하리만큼 무지한 부분이 있다는 것도 안다. 하지만 아직은 엄마, 아빠의 남은 인생 속 장면에 출연해 삶을 간섭하고, 간섭받는 것이 사랑이라 느낀다. 엄마 앞에서 오늘 있었던 일에 그 역사와 내막까지 더해 침 튀기며 이야기하는 일도, 아빠가 보는 드라마에 "이렇게 되겠네", "쟤네 둘이 백퍼 사귄다!" 하며 스포일러를 일삼다 면박을 당하는 일도, 마라탕처럼 부모님이 결코 사먹지 않는 생소한 먹을거리를 사서 반응을 지켜보는 일도 여전히 흥미롭다. 언젠가 독립할 시기가 되면 지금의 기억들이 나를 지탱해주겠지. 오늘도 나는 자청해 부모님 사이에 끼어든다. 옆으로 좀 가봐, 여긴 내 자리라고!

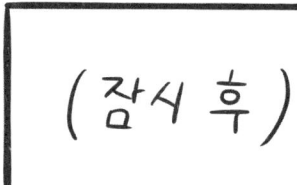

캥거루는 좋아도 강아지는 아니지

집에 새로운 식구를 맞이하던 날. 주인공은 바로 드럼 세탁기였다. 사건의 발단은 이랬다. 평생 통돌이 세탁기를 사용한 엄마가 어느 날 세탁물 꺼내기가 너무 불편하다는 이야기를 했다. 그날따라 신경이 예민했던 아빠는 "남들 다 쓰는 드럼 세탁기 한번 안 써볼 테냐" 하고 역정을 내더니 바로 드럼 세탁기를 주문했다. 옆에서 대화를 지켜본 입장에서 그것이 다정함의 엉성한 표현인지, 불편에 공감하기 귀찮아 내린 자본주의식 방편인지 헷갈렸지만, 뭐. 이 역사를 알 리 없는 드럼 세탁기는 그 순진무구함만큼이나 새하얀 자태를 뽐내며 우리집에 입성할 예정이었다.

 2주 뒤로 잡혀 있던 배송 일정이 예정보다 빨라져 금세 당일이 되었다. 엄마는 단기 아르바이트로 자리를 비웠기 때문에 직접 받을 수 없었고 나는 당연히 집에 있던 내가 받으리라 어림짐작하고 있었다. 그런데 출근했던 아빠가 오직 세탁기 수령을 위해 집에 온다고 하는 것이 아닌가. 좀 황당했다. 누군가 "집에 어른 계시니?" 하고 물으면 "제가 어른입니다"라고 답할 짬은 아니더라도 물건 수령하는 것쯤은 가능한 나이 아닌가? 그렇다고 아빠가 세탁기를 돌리는 모습을 본 적도 없다. 아무렴 집안 살림 관해서 알면 내가 더 잘 알 법한데도 엄마, 아빠는 그에 대해 추호도 의심의 여지가 없는 듯했다. 언니에게 "내가 무슨 열다섯이냐" 투덜거리며 볼멘소리를 했지만 언니도 똑같은 반응이었다. 네가 아직 애인데 어떻게 믿냐고. 내 안의 황당함이 점차 분노로 바뀌기 시작했다.

 결국 아빠는 연락도 없이 배송 기사들과 들이닥쳤다. 노브라 상태 그대로 있었으면 어쩌려고? 그리고 세탁기를 제대로 설치하는지는 보지도 않고 핸드폰만

들여다보다 다시 회사로 되돌아갔다. 나가는 길에 세탁기 위 거치대는 본인이 직접 설치할 테니 엄마에게 내버려두라고 전하라는 아빠에게 짜증이 발칵 치솟았다. 참을 새도 없이 "엄마한테 직접 얘기하세요, 나도 중간에서 얘기하는 거 짜증나니까" 하며 화를 내자 아빠는 얼떨떨한 얼굴로 "그러냐" 하며 나갔다. 정작 홀로 남겨진 나는 청소기를 돌리며 훌쩍훌쩍 울었고. 짧지만 응축된 울음을 그치고 대체 왜 짜증이 났는지 생각해보니 '다들 나를 너무 애처럼 다루는 게 아닌가, 내가 그렇게 못 미더운가' 하는 자기 의심에서 비롯된 듯하다. 나중에 집에 온 엄마에게 이야기하니 네가 철이 안 들었는데 무슨 어른 취급을 하느냐는 식이다.

이쯤에서 내 입장을 이야기하면 정말이지 어이가 없다. '이런 사람이 어른이다'라고 어른의 자격 조건을 이야기하는 콘텐츠에서 다루는 요소가 각각이듯 사람마다 생각하는 어른의 모습은 다 다를 것이다. 그래도 성인이 된 이후 사회생활을 10년 넘게 해온 사람이 철이 안 들면 뭐가 그리 안 들었단 말인가. 사회생활 유무만으로 어른인지 여부를 판단할 수는 없겠지만 기본적으로 생활력은 있다고 자부한다. 내가 내린 결정의 몫은 온전히 내 책임이라는 생각으로 삶을 꾸리며 때에 맞추어 내 몫은 어설프더라도 챙겨왔다. 혼자 무언가 하는 일은 익숙하다 못해 디폴트 값이다. 스무 살 첫 해외여행으로 홀로 보름 넘게 유럽에 다녀왔으며 그 이후로 여행, 외식, 문화생활, 이제는 일까지 알아서 찾아 하는 사람이니 말해 뭐 해. 동시에 타고나기를 겁이 많아 청춘의 객기나 호기심으로 사고 한 번 치지 않고 신변의 안전을 최우선으로 추구해왔다. 이런 내가 뭐 그리 어설프고 못 미덥다고 엄마와 아빠, 그리고 언니까지 나를 이렇게 취급해. 분노에 휩싸여 친한 언니들에게 이야기하니 맏딸인 언니들은 그냥 즐기라는 분위기다. 한 언니의 막냇동생도 이런 말을 했다고 한다. "나를 왜 이렇게 애 취급하고 감싸고 도냐, 그럴 때마다 나 스스로 모자란 느낌이 든다"라고. 우리집의 막내로 100퍼센트, 아니 120퍼센트 공감하는 이야기다. 가족들은 별 생각 없이 한 이야기겠지만 '내가 이런 것도 못 하는 애처럼 보이나?' 하는 느낌을 준다고!

어쩌면 가족들이 나에게 덧씌운 미성숙이라는 프레

임은 실제의 내가 아닌 그들 마음속에 그려진 내 모습에 근거했을 수도 있다. 정작 세탁기 설치에 관심이 없던 아빠는 집에서 홀로 남성 기사들을 마주할 내가 걱정되어 왔을 확률이 높다. 내가 뭐가 철이 안 들었느냐고 따지면 화를 내기보다 오히려 서운해하는 엄마도 비슷하다. 음식 자체를 별로 먹고 싶지 않아 한 끼 거른다 해도 엄마는 내가 반찬 투정하는 줄 알고, 혼자 바람을 쐬러 나간다 하면 이상한 사람을 만나지 않을까, 음주나 마약을 한 차주의 차에 사고가 나지 않을까 전전긍긍이다(요즘 사회면을 보면 지극히 합당한 근심이기는 하다) 떨어져 사는 언니 역시 언니 집에 왔다 갈 때마다 조심히 가라, 도착하면 연락해라, 졸리면 아이스초코라도 마셔라 등등 쉴새없이 당부의 말을 잇는 것을 보면 내 무사고 이력은 별 의미가 없어진다. 육십 넘은 엄마가 외할머니에게는 아직도 어렸을 적 교복 입은 그 시절 아이이듯 내가 어떤 사람이든 뭘 했든 이 집에서는 마음대로 안 되면 입을 댓 발 내밀고 훌쩍대던 그 아이가 현재와, 어쩌면 미래의 나다.

막내로 태어난 이상 내가 뭘 해도 이런 프레임에 변

화는 없을 테지만 가끔은 아기 캥거루도 아니고 목줄에 매인 똥강아지 같다는 생각이 문득문득 든다. 어쩌면 나의 독립이 필요한 사람은 내가 아닌 우리 가족일 수도 있다. 엄마와 아빠, 언니의 보살핌과 염려가 아니더라도 혼자 살 수 있다는 것을 보여주어야 하는 대상이 나 자신이 아닌 가족들이라니. 이런 방식으로 독립을 꿈꾸고자 했던 것은 아니었는데. 전혀 예측하지 못한 방향에서 뿜뿜가 일어난다. 아닌가, 언니들 말대로 애 취급받을 수 있을 때 누려? 이것도 똥강아지를 어르는 따뜻한 손길에 익숙해진 내 관성일까. 아, 복잡하다.

저는 이제 자유입니다

그녀가 나가고 현관문이 닫혔다. 엘리베이터가 우리 층에 도착하는 소리가 들리고 3, 2, 1……. 자유다! 이제 나는 자유다!

엄마가 떠났다. 목적지는 언니네 집. 언니가 조카 둘을 출산한 이후 주기적으로 언니네 집을 방문하는 엄마를 배웅하며 아닌 척 애썼지만 올라가는 입꼬리를 막을 수는 없었다. 아빠와 함께라 아예 혼자는 아니지만 하루 중 대부분을 혼자 있을 수 있다는 것이 왜 이리 좋은지. 엄마가 없다고 하는 일이 특별히 있는 것도 아니다. 엄마 몰래 성인 영화를 보며 좋아할 중2도 아니고 정리정돈된 엄마(a.k.a 집주인)의 공간을 폭탄 맞은 양 뒤집어놓을 만큼 막무가내로 살 성향도 아니다. 오히려 더 깔끔을 떨면 떨었지.

그렇다고 같이 살며 눈치를 아예 안 본 것은 아니니 엄마가 부재할 때 시도하는 일이 몇 가지 있다. 첫째, 엄마가 절대 안 사먹는 배달 음식 시켜먹기. 쪽갈비, 양갈비 혹은 양꼬치, 곱도리탕, 요거트 아이스크림 등이 대표적이다. 엄마들이 "대체 이런 걸 왜 사먹니?" 하는 메뉴들만 콕 집어 주문한다. 구운 고기류, 특히 곱창 같은 메뉴는 채식 위주의 우리집에서는 보기 힘들뿐더러 집에서 조리할 때 냄새나고 기름이 사방에 튀어 뒤처리가 극악인데 배달로 주문하면 산뜻하다. 먹방 콘텐츠에서 보고 경악과 동시에 호기심을 자아냈던 메뉴들을 주문해 '이렇게 나오는군' 하고 확인하며 만족해하기도 한다. 둘째, 밥 먹고 '뇌절'* 수준으로 간식 먹기. 식사 후 디저트를 먹지 않는 것은 혈당을 보

---

* 똑같은 행동을 과도하게 반복해 상대방을 지치게 하는 행위. 여기서는 과도한 간식 섭취로 몸을 지치게 만들어 건강을 해친다는 뜻으로 사용했다.

호하기 위한 최소한의 노력이자 어렸을 때부터 밴 습관이다. 하지만 엄마가 없을 때는 식사 직후 아이스크림도 먹고 과자도 먹고 초콜릿도 먹고, 하여간 먹고 싶은 디저트는 다 먹는다. 이쯤 되면 성인이 된 후 부모님이 사주지 않던 어린이용 비타민, 피규어, 다마고치 등에 유난히 집착하는 동년배들의 심리를 알 것 같기도. 일탈의 규모는 소소하나 혈당 스파이크가 주는 도파민은 흐뭇한 미소가 절로 나올 만큼 위력이 세다. 마지막은 엄마가 '혹시 몰라' 모아둔 잡동사니 싹 정리하기. 배달 음식에 딸려왔지만 손대지 않아 유통기한이 3년 이상 넘은 일회용 소스들, 들기만 해도 흡입구 부분이 음산한 소리를 내며 달랑거리는 청소용품, 멀쩡한 부분보다 보풀이 일고 해진 부분이 더 많은 내 옛 옷가지들이 주요 대상이다. 엄마가 집에 있을 때 버리면 어느새 집에 다시 돌아와 있다. 현대판 공포물이 따로 없다.

배려할 사람이 없기에 누리는 감정의 자유도 있다. 공감 능력이 지나치게 발달하고 타인의 반응에 예민한 나에게 오롯이 홀로 존재하는 시간과 공간은 생명줄처럼 소중하다. 이럴 때는 매일 암묵적으로 정해두었던 일정이나 프로세스를 따르지 않고 하고 싶은 것을 하고 싶을 때 한다. 예를 들면 책을 읽다 갑자기 청소기를 돌리거나 거실에서 탭댄스를 추(는 척을 하)거나 티브이를 틀어놓고 핸드폰을 하는 식이다. 여기서 가장 좋은 점은 무슨 짓을 해도 누군가 "뭐 해?"라는 질문을 하지 않는 것이다. 왠지 이 질문을 들으면 행위의 당위성을 논리적으로 설명해야 할 듯한 이상한 중압감이 드는데 그냥 춤추고 싶을 때도 있고, 갑자기 화장실 얼룩을 지우고 싶을 때도 있지 않은가. 또 엄마의 성난 혼잣말이나 한숨에 반응할 일이 없다는 점 역시 좋다. 주식시장에서 하필 엄마가 고점에 산 종목만 곤두박질 쳐서든, 오늘따라 집에 있는 작은 딸이 유난히 꼴 보기 싫어서든 사안의 경중이 짐작된다손 치더라도 내가 겪는 감정의 파고는 비슷하다. 눈앞에서 모르는 사람이 맥락 없이 울어도 동기화되어 울먹이는 나에게 한 공간에 있는 엄마의 감정선은 쉽게 무시할 사소한 것이 못 된다. 단순히 물리적인 공간을 혼자 쓴다는 자유보다 이런 영향에서 벗어날 수 있는 자유가 더 소중하고 와닿는다.

적어놓고 보니 대단한 것은 아니다. 일어나고 싶은 시간에 일어나 엄마가 정신없다고 싫어하는 최애 아이돌 음악을 내키는 만큼 크게 틀어놓고 흥얼거리며 하루를 시작한다. 엄마의 손맛이 담긴 완벽한 반찬이 아니라 손 가는 대로 조리해 내 입맛만큼 밍밍한 볶음밥을 충동적으로 샀지만 결코 쓰는 일이 없었던 화려한 접시에 담아 한 끼를 챙긴다. 시간대 상관없이 내킬 때 헬스장에 다녀오고 한 번 입은 옷이라도 세탁기에 돌린다. 독립한 친구들이 입을 모아 이야기한 최고의 장점 역시 사소한 일부터 큰일까지 스스로 결정하는 데서 오는 편안함과 자유로움이라고 하던데, 실제로 겪어보니 선택의 자유는 곧 나를 더 깊이 이해하는 기회와 같았다. 내가 이런 걸 좋아했지, 근데 이런 것도 좋아했네?를 일상에서, 나와 가장 밀접한 장소에서 발견하는 기회. 직접 하는 선택이 늘어날수록 취향의 해상도가 높아진다. 혼자 남아 뭘 하는지, 아빠의 저녁 메뉴는 뭘 생각하는지 묻는 엄마의 연락으로 핸드폰이 울리지만 모른 척 슬쩍 화면을 뒤집는다. 미안, 지금 이 순간 여긴 나만의 우주이자 나를 위한 무대라고.

아빠는 이런 변화에 별 영향을 받지 않는 듯 보인다. 아무래도 출퇴근 때문에 집에 머무는 시간이 적어 그렇겠지. 하지만 같이 드라마를 보며 저 배우 이름이 뭐였는지, 전개가 이게 맞는지 시시콜콜 이야기 나눌 사람도, 식탁에 마주앉아 오늘 뉴스에 나온 이야기와 유튜브에서 본 썰을 짬뽕해 침 튀기며 설파할 사람이 없다는 사실이 아빠를 시무룩하게 만든다. 매번 배우의 성 혹은 이름 중 하나씩은 기어코 바꾸어 부르는 아빠에게 "개명에 재능 있다"라며 일침을 놓고, 한 번에 다섯 봉지씩 사재기한 뻥이요 과자를 같이 아작아작 씹어주던 엄미외 빈자리는 매우 크다. 그럼에도 불구하고 엄마보다 더 반짝거리게 그릇을 씻을 줄 알고, 아침을 손수 챙기는 아빠의 모습을 발견하는 일은 즐겁다. 아침에는 바쁘고 저녁에는 힘들어 못 하는 줄 알았는데 실은 가능했다는 사실을 알고 배신감을 느끼기는 했지만. 30년 넘게 붙어살아도 몰랐던 아빠의 모습은 미처 기대하지 못했던 발견이다.

짧으면 사흘, 길면 2주 정도 되는 자유를 경험할 때마다 독립한 내 모습을 그려보게 된다. 내가 만약 독립하면 이런 모습이려나. 독립하면 지금보다 손댈 수 있는 범위야 넓어지겠지만 걸어다닐 수 있는 공간의 크기는 확실히 줄어들겠지. 한시적으로 누리는 가벼운 자유가 아닌, 온전한 책임을 등에 지고 나아가는 자유를 누리고 싶다. 일주일 깔짝거리다 무력하게 강제 퇴장당하는 무료 체험판이 아닌 유료 구독형인 본 게임에 들어서고 싶다. 올해는 기필코 독립하리라는 케케묵은 다짐을 새로 굳게 다잡아본다. 그때는 아마 곱도리탕을 몰래 시켜먹는 기쁨은 별것 아닐 듯.

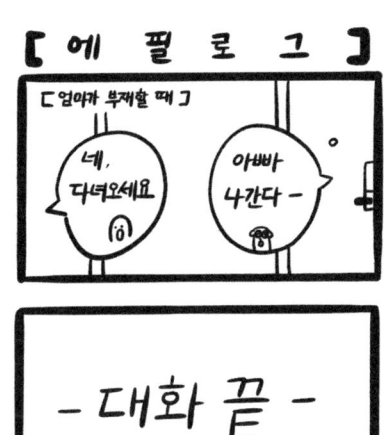

귀신아, 물렀거라!
나에게는 엄마, 아빠가 있다

 지난 주말 집으로 돌아오는 발걸음이 축축 늘어졌다. 그날 외출은 모든 것이 순조로웠다. 오랜만에 성수동에 나가 재미있는 것들도 보고, 지인이 맛있는 밥도 사주어 마음도, 위장도 충만한 하루였다. 변수는 마지막에 생겼다. 지인 중 한 명이 만날 때마다 졸랐던 방탈출이 화근이었다. 그날도 어김없이 방탈출을 한번 해보자 이야기가 나오기에 별생각 없이 동의했는데, 게임이 시작된 후 알고 보니 테마가 호러 중의 호러였다. 내 눈앞에 시체 모형이 왜 있는 거야? 이 음산한 음악은 뭐고? 방탈출을 제안한 당사자도 그 정도로 무서울 줄은 몰랐다며 사과했지만 그 후유증이 며칠은 갈 터였다. 게임이 진행되었던 내부 공간도 워낙 좁았기에 생전 겪어보지 못한 폐소공포증을 아파트 엘리베이터 안에서 겪을 뻔했다.

그나마 다행이었던 점은 집에 부모님이 있다는 사실이었다. 이야기하기 정말 민망하지만 그날 나는 엄마에게 '방문을 열고 자달라'고 요구했다. 쪽팔림에 뒷덜미로 열이 확확 오르지만 실제로 그랬다. 아빠의 코고는 소리라도 들어야 무서움이 덜할 것 같았기 때문이다. 그렇게 해도 식은땀을 뻘뻘 흘리며 뒤척이다 동이 트기 전 겨우 잠들었지만 어쨌든 아빠의 우렁찬 코골이는 효과를 발했다. 이후 현대인으로서 고뇌할 문제가 하도 많아서인지 방탈출의 기억은 서서히 옅어져 몇 주 만에 뇌리에서 완전히 지워졌다. 그 기간 동안 엄마, 아빠가 문을 열고 잤음은 말할 필요도 없다.

이 이야기를 들은 몇몇 사람은 '와, 진짜 쫄보 중의 쫄보네'라고 생각할 수 있을 터다. 부정하지 않겠다. 나는 쫄보다. 쫄보로 태어나서 쫄보라 하는데, 왜요! 반면 남들이 무서워하는 것을 무서워하지 않는 면도 있다. 운전면허 취득 직후 새 차가 출고되자마자 혼자 고속도로에 나가 지인들을 기함하게 한 적이 있으며, 한겨울에 아무도 없는 눈 쌓인 산을 어그 부츠 하나 신고 오르는 기행을 감행한 사람이 나다. 하지만 귀신이나 유령, 잔인하거나 피 나오는 장면, 뉴스 사회면에 나오는 범죄는 무섭다. 이럴 때는 나를 지켜주지 못하더라도, 설사 내가 그들을 지켜야 하는 일이 벌어지더라도 부모님의 존재가 큰 위안이 된다.

한번은 이런 일이 있었다. 새벽 2시쯤 위층에 사는 젊은 남자가 술에 거나하게 취해 우리집 초인종을 눌렀다. 현관과 가장 가까운 내 방에서 자고 있던 나는 그 소리에 놀라 잠이 깼다. 차마 수마에 곯아떨어진 엄마, 아빠를 깨울 수는 없고 어쩐다? 덜덜 떨리는 몸으로 문을 열어달라고 하는 주정을 듣다 하악질하는 고양이인 양 "여기 ○○○호예요!"라고 몇 번을 말해 겨우 쫓아냈다. 15분간의 공포를 경험한 나는 바로 온몸에 두드러기가 났다. 하하. 다른 방에 가족들이 자고 있었으니 망정이지, 취객이 없는 정신을 수습해 되돌아갔으니 망정이지 혼자 살다 이런 일이 있었다면, 누군가 작정하고 벌인 일이라면 당일은 물론이고 며칠 밤을 꼬박 새우며 두려워했으리라.

  누군가 "너는 왜 자취 안 해?" 하고 물으면 간편한 면피로 "집값이 비싸서"라고 답하지만 실상은 "혼자 살기 너무 무서워서"인 나에게 부모님과 함께 사는 것은 참 다행스러운 일이다. 무서운 생각이 온몸을 뻣뻣하게 만들더라도 방문만 열면 요란스레 코를 고는 아빠와 인기척에 몸을 뒤척이는 엄마가 있다는 사실이 상당한 안정감을 준다. 같이 있는 한 이 안에서는 결코 무서운 일이 벌어지지 않을 거야 하는 느낌. 상대가 부모님이라 좋은 점은 태생이 쫄보라서 내 무서움을 납득시킬 필요가 없다는 점. 만일 혼자 살았다면 방 탈출을 한 그날도 집에 들어서지 못했겠지. 쪽팔림에 누군가에게 연락도 못 하고 한참 동안 밖을 맴돌다 본가에 가버렸을지도. 왜 왔냐는 엄마의 물음에 멋쩍게 "그냥 왔어~" 하겠지만 곧 미주알고주알 이건 무서웠고, 저건 너무 끔찍했다는 이야기를 눈꺼풀이 무거워질 때까지 쏟아내겠지. 요즘 특수 효과 왜 이렇게 실감 나는 거야?

이런 가짜 무서움이야 길어도 몇 주 안에 사라진다. 진짜 호러는 엄마, 아빠가 나와 함께 나이들어가고 있다는 사실이다. 앞으로도 거친 삶을 살아가며 마주할 무서운 일들이 천지일 텐데, 나이를 먹을수록 공포는 갖가지 모습으로 예상치 못한 지점에서 불쑥 튀어나와 나를 기겁하게 만들 텐데. 그때 가족들이 옆에 없다면 나는 무엇을 되뇌며, 무엇을 위안삼아 잠들 수 있을까. 차라리 귀신이면 부적이라도 쓸 수 있으니 다행이려나. 그래도 귀신은 너무 싫은걸. 글을 쓰는 지금 이 순간에도 방탈출의 기억이 서서히 봉인 해제되려 한다. 아무래도 집에 있는 굵은 소금이라도 냅다 뿌려야겠다. 팍팍팍!

정말 비혼 원해? 너 여잔데?

며칠 전 일과를 마치고 습관처럼 유튜브에 접속했다 비혼에 관한 한 콘텐츠를 보았다. 드라마로 연출한 영상에서는 비혼 여성이 주인공으로 등장하며 20대 후반부터 60대까지 그녀의 삶을 보여준다. 이른바 '골드 미스'를 꿈꾸며 비혼을 다짐했던 여성들의 선택이 불러올 개인적·사회적 파장이 무엇인지 명징하게 보여주겠다는 제작자의 의지가 여실히 느껴졌다. 남성이 비혼을 자발적으로 결정하면 능력 있다 떠받들고, 비자발적으로 혼자 산다 하면 사방에서 안쓰러워 어쩔 줄을 몰라하던데. 여성이 비혼을 결정하면 주제를 모르는 것이고, 비자발적으로 혼자 살면 결혼시장에서 가치 없는 도태된 존재임을 증명하는 꼴인가? 헛웃음이 절로 나왔지만 그 짧은 영상 덕분에 내가 비혼을 '정말 원하는지' 생각해보게 되었다.

평소 주위에서 결혼 혹은 연애 여부를 물으면 나는 꾸준히 '관심 없고요. 의지도 없어요'라는 의견을 피력해왔다. "혹시 모태솔로냐" 묻는 사람들도 있었지만 연애 경험이 아예 없다고는 못 하겠다. 대학교 입학 초반만 해도 쌍방으로 마음을 표현하는 관계가 있었으나 그후 겪은 여러 경험은 나를 연애 혹은 현실 남자와 거리를 두게 만들었다. 할 이야기야 차고 넘치지만 나만 겪었다 단정하고 싶은 일들이 또래 여성들에게는 보편적일 만큼 흔히 벌어진, 벌어지고 있는 일들이니 간단히 풀어보겠다.

대학시절 남자 동기들 단체 카톡방에서는 사귀고 싶지 않은(해당 표현은 매우 순화되었다) 여자 동기들의 순위를 매기는 것이 게임이었다. 엠티에서는 고학번 남자 선배의 술 상대가 되는 것이 암묵적으로 '예쁘다'는 칭찬이자 수혜로 여겨졌다. 여러 학교의 대학생들이

모인 연합 동아리에서 임원으로 활동했던 나는 술자리마다 남자 부원들에게 "그 치마는 어떻게 벗어? 벗겨봐야 알겠네", "우리 ○○이는 연예인 닮아서 꿀벅지다"라는 등의 이야기를 들었다. 한번은 성희롱으로 신고하겠다고 이야기하자 신고할 테면 해봐라 하는 태도를 보였다. 난생처음 클럽에 갈 결심을 하고 오프숄더를 입은 날 길거리에서 마주친 중년 남자 무리 중 한 명이 나를 보며 덮쳐야겠다는 식의 발언을 내뱉었다. 명품 브랜드에 근무할 당시 "여자들은 남자에게 사달라고 하지 않으면 이런 제품 못 사지"라고 말했던 상사와 업계 특성상 여자가 많은 회사의 여성 임원임에도 불구하고 "여자들은 샘이 많아 남자 직원을 더 뽑아야 한다"라는 이야기를 한 경우는 그나마 나은 경우일까.

 하루 걸러 마주하는 상황이 이렇다보니 점점 결혼, 연애에 대한 관심도 시들해졌다. 더군다나 타고난 성향 자체가 혼자 있기를 선호하다보니 누군가를 일상에 들일 필요성을 느끼지 않았다. 여행? 혼자 가면 멋대로 하고 싶은 거 다 할 수 있는데? 외식? 혼자 먹으면 느리게 먹어도 아무도 간섭 안 하는데? 문화생활? 영화든 뮤지컬이든 전시든 눈앞의 작품 감상하는 게 다인데 굳이 다른 사람이랑? 1인 가정이 늘고 코로나19로 각자의 거리를 지켜야 하는 시대가 된 이후에는 이런 모습이 보편화되었지만 10년 전에는 혼자 여기저기 쏘다니며 즐거워하는 나를 신기해하거나 심지어 불쌍히 여기는 사람들도 있었다. 외롭냐고 왜 물어보지, 나 지금 충만 그 자체인데. 불쌍하다고? 다른 사람에게 기대지 않고는 못 사는 존재는 괜찮고?

그리고 나에게는 현실 속 남자를 잊게 해줄 존재가 있었다. 이름도 찬란한 아이돌. 현실 남자를 대체로 기피한다 해도 '남성'은 싫어하지 않는 불행한 이성애자에게 아이돌은 사랑할 대상으로 완벽했다. 남혐과 남미새를 동시에 하는 고달픈 인생이여. 아이돌 덕질을 한다고 하면 "걔네랑은 못 사귀잖아"라고 발언하는 사람들이 있었는데 나는 이 사람과 사귈 수 없기에 관심 있다. 그가 용변 후 손을 씻고 나오는지 안 씻고 나오는지 모를 수 있기 때문에, 술자리에서 패악을 부리는지 여자를 사귄 이야기를 무용담으로 늘어놓는지 모르기 때문에 사랑하는 것이다! 안다면 탈덕행 직행 열차를 타겠지만 '아직은' 모르는 것이 중요하다. 그리고 아이돌은 욕이나 성희롱을 하는 등 나에게 직접적으로 위해를 가할 가능성이 희박하다. 만날 수 없으니 몰카나 데이트 폭력을 당할 일도 없다. 매일의 도파민을 공급받을 수 있되, 공급자가 꼭 한 명이 아니어도 된다는 장점도 있다. 이쯤 되면 한숨이 절로 나오는 콘서트 티켓 값도 꽤 가성비 있다 할 만하다. 어쩌면 나 같은 여자들이 점점 많아져 티켓 값이 계속 올라가는 것일 수도. 가끔 사주에 희미한 남자 운이 들어오면 나는 애인을 사귀는 것이 아닌 새로운 아이돌에 입덕했다. 그만큼 진심이었단 말.

현재까지 이어진 이런 스탠스에 즐거움만 있는 것은 아니었다. 애초에 결정의 시발점이 실망과 분노로 점철되어 있었으니 당연한 결과일 수도. 꽤 자주 혼란스럽고 헷갈렸다. 한때는 나도 남성들의 시선이 따를수록 내 가치가 올라가는 듯한 은밀한 만족감을 채 여물지 못한 자아 때문이라 탓했다. 문장 끝에 으레 붙는 "여자들이 그래"라는 말에 별생각 없이 고개를 끄덕인 적도 있었다. 하지만 시간이 갈수록 성희롱으로 신고

하겠다는 말을 진짜 신고로 마무리하지 못한 과거의 나에게 죄책감을 느꼈다. 젊은 남자들은 존재만으로도 추앙받는데, 젊은 여자들은 존재만으로 혐오당하는 것이 이상했다. 내 말에 엄마는 "너무 일반화하면 안 된다" 했지만 내가 운이 안 좋다고 하기에는 티브이를 틀어도, 길거리를 지나가도 그런 사람들이 도처에 널려 있었다. 그럼 우리, 그러니까 젊은 여자들 전체가 매일 이 오하아사 운세 12위인 거야?* 차라리 그것이 더 합리적인 설명인가?

총체적 결론이 비혼으로 매듭지어진 것은 어쩌면 놀랄 일이 아니다. 하지만 10년 동안 켜켜이 쌓인 경험으로 결론지은 결심에도 선잠에서 황급히 깨듯 '나 지금 이러고 있어도 되나?' 하는 불안이 엄습해온다. SNS에서는 '젊은' '여성'의 '외모'에 최고의 값을 매기고 사려는 사람들이 즐비하다. 커뮤니티에서는 40대 이후 홀로 사는 여성의 삶을 지리멸렬하게 묘사하는 글이

---

* 오하아사 운세는 일본의 한 방송에서 매일 발표하는 별자리 운세다. 행운 지수에 따라 1위부터 12위까지 별자리 등수가 매겨지는데, 12위가 가장 안 좋은 운세다.

많다. 여자들의 우정은 다 한때라며 브라이덜 샤워, 축의금 이슈로 기혼자와 비혼자 간 갈등을 이야기하고, 티브이에서는 누가 보아도 잘나고 아름다운 젊은 여성이 이혼 경험이 있는 중년 남성과 데이트하는 장면이 나온다(물론 이혼 경험 자체를 탓하는 것이 아니다). 아무리 요즘 세대가 결혼을 안 하고 출산을 안 한다 해도 유명 결혼식장에서는 시간대별로 붕어빵 찍어내듯 결혼식을 치르고 지인들은 매주 있는 결혼식의 축의금을 마련하느라 난색을 표한다. 쇼핑몰에는 유모차를 끌고 나온 젊은 부부들로 북적이는데, 아이들의 편의를 우선시하는 장소 특성상 당연하다 싶지만 몰려다니는 아이들을 보면 "아니, 대체 누가 결혼을 안 하고 애를 안 낳는다는 거야?"라는 볼멘소리가 절로 나온다. 이쯤 되면 나만 운이 안 좋았나.

  주변에 흔한 자발적 혹은 비자발적 비혼자들, 대학 동기부터 직장 동료에서 소울메이트가 된 언니들까지 여러 지인과 이야기하다보면 또 생각이 바뀐다. 나처럼 강경 비혼파였다가 긴가민가 헷갈려 하는 사람도 있지만 꾸준히 남자 극혐, 결혼은 더 극혐!인 사람도 있다. 성인이 된 이후 완전히 굳어진 성 정체성에 동성애인과의 평생을 꿈꾸는 친구들을 보면 결혼은 현실과 동떨어진 제도 그 이상, 그 이하도 아니라는 생각이 든다. 그 시절에는 더 힘들었을 비혼이라는 길을 선택해 고요하지만 자신의 파동으로 가득 채운 삶을 꾸린 직장 상사들을 보면 저것이 내가 바란 거였지 싶다.

주위에 아무도 남지 않았을 때 실버타운 한 층에 나란히 입주해 아침마다 죽었는지 살았는지 현관문을 두드려주자는 언니들과 이야기하다보면 여자에게 필요한 것은 그저 돈과 친구라는 결론이 나온다. 지금까지 잘 살았는데 이제 와 갈구할 이유가 뭐가 있나. 언제부터 현실 남자 덕분에 행복했다고? 양희은 선생님의 명언이 떠오른다. 만나본 이들 중 유독 밝고 명랑한 할머니는 대개 과부였다고. 어른의 지혜는 마음이 연약하게 흔들릴 때 특히 빛을 발한다.

시시때때로 뒤집어지는 마음을 진정시키는 것은 믿음이자 수용이다. 이런 삶도 있고 내가 그 삶을 선택했다는 인정. 언제부터 세상이 정한 이정표대로 딱딱 맞추어왔다고 선 하나 넘는 것을 겁내. 선 안에 머물렀을 때 별세계를 마주할 수 있겠지만 지금은, 아직은 아니다. 일단은 냉큼 넘어가보련다. 선 밖에서 첨벙거리며 뛰어다니다 과거의 불쾌한 전례를 상쇄하는 사람을 만나 함께 묶이는 것을 오히려 기쁨으로 받아들이게 되면 그때 훌쩍 넘어와도 된다. 젊은 날 독신으로 살다 80대에 첫사랑과 결혼한 이수영 회장님처럼 시기는 중요하지 않다. 영영 벌어지지 않는 일이라면? 지금껏 그랬듯 즐겁게 살다 가면 되지. 무엇을 선택하든 큰 후회 없이 살았다 자평하며 끝맺을 수 있다면 되었다. 브라보 마이 라이프.

[에 필 로 그]

30대 비혼자 백수, 올 명절에도 살아남았다!

 드디어 왔다. 비혼자, 백수, 무자녀인 이들이 제일 두려워하고 싫어하는 그 시기. 바로 명절이다. 요즘은 명절이라고 일가친척이 다 모이는 일이 적다지만 안타깝게도 우리집은 해당이 안 된다. 나는 친가에서 성인 중 막내이자 일본에 거주중인 사촌 언니와 오빠를 제외했을 때 유일한 '대외적 미혼자'다. 내가 비혼하겠다는데 미혼이라 우기면 어떻게 해야 할까? 어쩔 수 없이 친척 어른들부터 사촌 오빠들과 언니들, 조카들까지 북적이는 현장으로 향하는 발걸음이 가볍지 않았다. 그렇다고 무거웠다는 말은 아니다. 다년간 경험으로 축적된 빅데이터에 근거해 올 명절에 날아올 화살들을 막아낼 견고한 방패는 이미 만들어둔 상태였다. 자, 그럼 이제 돌진만 남았다. 선제 공격은 못 해도 만신창이가 되기 전에 먼저 고지를 점하면 승산은 충분하다. 돌격, 앞으로!

올해 내가 세운 계획은 이랬다. 결혼 이야기를 꺼낸다? 그럼 이렇게 줄줄 읊어야지. "아, 결혼식 날짜 잡았는데 얘기 못 들으셨어요? 2047년쯤 할 건데 정확한 날짜랑 배우자는 아직 못 정했어요. 조금만 기다려주세요!" 하며 웃는 거다. 이 깜찍한 계획이 성공적일 것이라 짐작한 나는 엄마에게 레퍼토리를 읊어주며 "어때? 좀 웃기지 않아?"라고 물었고 엄마는 깔깔 웃으며 내 솔루션에 동의했다. 결국 식사 자리에서 나온 결혼 문의에 계획한 대로 이야기했고 덕분에 화살 몇 개 정도는 가볍게 피했다. 가끔 결혼 이야기에 덧붙여 "언제까지 엄마, 아빠 옆에 붙어살려고 하냐"라는 질문을 받을 때가 있는데, 눈치껏 최근 부동산가격 추이를 이야기하거나 "엄마, 아빠가 너무 좋아서 계속 붙어살 건데요" 하면 은근 부모님을 부러워한다. 자식이 자발적으로 붙어살고 싶게 만드는 부모야말로 능력 있는 부모라고! 돈만 있다고 되는 일이 아니다. 결혼 후 자식과 소원하게 지내는 부모들에게 이보다 더 부러울 거리는 없다. 어때, 나 좀 잘했나? 엄마, 아빠를 향한 고도의 가스라이팅 아님.

집주인에게 점수 획득하며 다음으로 넘어가보자. 일에 관한 이야기가 나오면 어떡하나. 이럴 때는 무조건 열심히 살고 있다는 인상만 주면 된다. 일을 그만두면서 잠시 동안 게임, 유튜브, 릴스 등 소모성 도파민에 몰입되어 있었다면 모임 전 눈빛과 혈색을 좀 정리할 필요가 있다. 내 경우에는 운동을 포함한 데일리 루틴을 가까스로 유지한 덕에 세상 말똥한 눈빛과 건강한 혈색을 보여줄 수 있었다. "회사는 다니고 있어?"라고 묻기에 눈빛을 반짝이며 "아니, 지금은 잠깐 쉬면서 이것저것 혼자 시도해보고 있어"라고 대답하니 별다른 잔소리가 따라붙지 않았다. 실제 그렇지 않더라도 내가 무엇을 하는지 내가 가장 잘 알고 있다는 인상을 준다면 상대방이 별로 할말이 없어진다. 여기까지 잘 넘어왔다면 남의 회사 뒷담화에 동참해주면 된다.

마지막 퀘스트. 자녀가 없는 자. 아무래도 비혼 상태이기 때문에 자식이 없을 확률이 높겠지만 조카를 둘씩 낳은 사촌 오빠들과 언니들을 상대할 때는 청자로 들어주는 것이 최고다. 주위에서 어쭙잖게 주워들은 '요즘 초등학생', '요즘 애들 교육'에 관한 이야기가 있다면 맞장구칠 때 "요즘 그렇다던데?" 하며 슬쩍 대화에 끼워넣으면 그만이다. 이 방법이면 상대방도 이야기하기가 한결 수월해지고 내 조카가 헤쳐나갈 빡빡한 미래에 대한 꿀팁을 얻을 수 있다. 사실 나를 방어하기 위한 방법이었지만 듣다보면 부모가 되는 것이 얼마나 험난한 일인지를, 그럼에도 불구하고 부모의 역할을 기꺼이 택한 그들의 삶을 보며 툭툭 장난만 쳤던 언니들과 오빠들에게 존경심을 느끼게 된다. 내가 선택하지 않았을 뿐 남의 선택을 폄하할 이유는 없다. 나의 선택에도 그런 태도로 대해달라는 말이다, 다들!

내 선에서 깔끔히 끝나면 다행이지만 비극은 이 화살 세 개가 내가 아닌 부모님에게 향할 때 벌어진다. 이런 상태가 개인에게 원인이 있는 '문제'도 아니거니와 특정 원인에 따른 결과도 아니지만 내 이야기에 부모까지 끌고 들어오는 것은 실례잖아요? 다행히 친척들 중에는 그렇게 비합리적이고 부적당한 언행을 보이는 사람은 없었다. 다만 가끔 누군가 부모님에게 "어우, 어떻게 하려고 그래~ 얼른 시집보내야지~" 하면 모르는 척 "어? 저희 부모님은 안 가도 된다고 하시던데요? 같이 사는 거 좋으시다던데" 하며 시치미를 뗀다. 에둘러 말했지만 저 말은 곧 '평생 같이 산 내 부모도 괜찮다는데 생판 남인 당신이 왜 그러세요?'라는 의미다. 엄마, 아빠도 "뭐 지가 마음에 드는 사람 있으면 가겠지~" 하고 넘기는 것을 보면 아직까지는 위기감이 크지 않은가보다. 나이스.

명절 때만 보는, 왕래가 잦지 않은 친척들과의 만남에 이렇게까지 사전 대비를 하고 가야 하나 싶지만 뭐 어쩌랴. 간섭 혹은 오지랖이라 생각하면 한없이 피곤해지고 기왕 받는 일회성 관심이니 즐길 준비를 하고 간다면 또 즐거워지는 것이 사람 일인걸. 이런 관심, 요즘 어디를 가나 받기 쉽지 않다. 정 힘들면 유명 연예인이 되어 팬 사인회에 간다 생각해도 좋다. 온갖 어그로가 끌리고 각종 요구가 빗발치는 가운데 프로페셔

널한 모습으로 그들을 상대하는 나를 상상하자. 팬들이 나이가 조금 많고 이전 세대에 살아 애정 표현이 구식이다 생각하면 그만이다. 사이다 발언으로 유명한 한 연예인이 명절 때 언제 결혼하느냐는 친척의 질문에 "이혼 언제 하세요?"라는 질문으로 되받아치라고 말했다던데. 이런 쇼츠 양산형 막장 드라마식 멘트는 남의 입으로 들을 때는 웃기지만 내가 하려면 상대를 안 볼 각오는 하고 던져야 할 것 같다. 인생은 짤 하나로 스토리가 끝나는 드라마가 아니니까. 어쨌든 이번 명절도 잘 지나갔다. 야호!

한집 살림에 위생 관념은 세 가지

 예전만큼 명절을 다 같이 쇠지 않는다 해도 주위 자취생들이 본가에 가기 싫다며 곡소리를 내는 것을 보면 아직까지 함께 맞는 명절이 흔적처럼 남아 있음을 실감한다. 명절을 명분삼아 가족끼리 모여보면 몇 안 되는 구성원임에도 불구하고 어쩜 그리 생각도 다르고, 성향도 다르고, 취향도 다른지. 생판 모르는 사람을 랜덤 뽑기로 배정한 것이 아닌가 싶을 정도다. 최근 그 생각을 유독 강하게 한 지점은 바로 위생 관념. 아빠, 엄마, 나 셋뿐인데 이렇게 다를 수가 있나 싶어 절로 혀를 차게 만드는 부분이 이놈의 위생 관념이다. 로

맨틱 코미디 드라마를 고집하는 아빠와 정치 스릴러 드라마만 보는 내 취향만큼이나 차이가 큰 그들의 위생 관념은 다음과 같다.

먼저 일반적인 청소. 아빠는 청소에 예민한 편이 아니다. 정리정돈도 물건들이 어수선하게 널브러져 있거나 생활에 지장을 줄 정도가 아니면 괜찮다고 생각하는 편. 반면 엄마와 나는 청소와 정리정돈에 사활을 건다. 바닥에 먼지, 머리카락이 있는 모습을 눈 뜨고 못 본다. 엄마에게는 머리카락 감지 센서가 따로 있나 싶을 정도다. 이미 수납장이나 상자에 정리한 물건들도 눈에 거슬린다 싶으면 죄다 꺼내 보기 좋게 정렬해야 마음이 편해진다. 유난히 집착하는 부분에서 미세한 차이가 나는데, 엄마는 거울의 얼룩을 참지 못해 시도 때도 없이 닦지만 나는 안경이 얼룩덜룩해도 잘 쓰고 다닌다. 대신 나는 물건들이 크기와 색상, 종류별로 가지런히 정리된 상태에 집착한다. 일종의 강박이겠지만 질서 정연한 모습이 보기 좋거든요.

부엌으로 가면 상황이 좀 달라진다. 엄마가 집을 비운 동안 아빠가 저녁식사 후 설거지할 때가 종종 있는

데 아빠는 설거지에 진심이며 배수구 청결에는 더더욱 진심이다. 매일 요리하고 끼니를 챙기다보면 과일, 채소 껍질 등 음식물 쓰레기가 찰 일이 잦은데, 아빠는 그것을 못 참는다. 설거지가 끝나면 꼭 별도의 음식물 쓰레기통을 사용해 배수구 거름망을 비운 후 기계를 활용해 청소까지 마쳐야 한다. 근데 분명 토스트 하나 해먹었다고 했는데 조리대에 튀어 있는 달걀은 어떻게 설명할래. 엄마와 나는 가스레인지, 싱크대 전체가 깨끗한 것이 중요하다. 특히 엄마는 바닥에 기름 튀는 것을 극도로 싫어해 가끔 고기를 굽고 나면 식사 전에 바닥 먼저 닦는다. 나는 벌레가 없는 겨울에는 음식물 쓰레기 처리에 둔감한 편이지만 여름이 되면 예민해진다. 또 가스레인지 청소도 중요하지만 바닥, 벽을 포함한 싱크대 전체에 음식이나 물 얼룩이 남지 않는 것을 중요시한다.

화장실은 또다른 문제다. 아빠는 화장실 청소에 사용하는 솔, 수세미 등의 도구를 포함해 습도계, 온도계까지 구비해두었지만 솔직히 그것을 어떻게 활용하는지는 잘 모르겠다. 도구만큼 청결에 신경썼다면 내가 안방 화장실의 디퓨저를 수시로 교체할 필요는 없지 않았을까? 앞서 말했듯 엄마는 얼룩에 민감해 화장실 청소도 수시로 하는 편인데, 희한한 것은 그렇게 청소하고 모아놓은 머리카락은 버리지 않는다. 엄마, 아빠가 주기적으로 하는 염색의 흔적도 지우지 않는다. 그럼 머리카락이 뭉쳐 있는 꼴을 못 보는 내가 쓰레기를 버리고, 아세톤을 묻힌 솜으로 세면대를 박박 닦는 식이다. 또 엄마는 치약이나 비누 같은, 화장실에서 사용하는 생필품에는 이상할 만큼 대범(?)한 모습을 보여 끝까지 사용하지 않은 물건도 내다버릴 때가 있다. 물건은 무조건 '이 정도면 보내주자' 싶을 만큼 끝까지 쓰고 버려야 한다는 지조를 가진 나와 이 문제로 매번 씨름한다. 분명 치약 끄트머리가 약간 통통한 걸 내가 봤는데! 자꾸 다 썼다고 버리는 그녀의 심리는 뭘까.

마지막으로 침실. 인터넷에 가끔 논쟁 주제로 올라오는 글 중 하나가 '씻지 않고 이부자리에 올라가도 되는가'인데, 의견이 반반으로 갈리는 것을 보고 매우 놀랐다. 어떻게 머리부터 발끝까지 씻지 않고, 잠옷으로 갈아입지 않았는데 이부자리 혹은 침대에 올라가죠?

침대는 그린벨트 저리 가라 할 만큼 청정 지역으로 관리하는 나에게는 눈을 질끈 감게 만드는 이야기다. 우리집에도 내 의견을 정면으로 반박하는 이가 있었으니 바로 아빠다. 아빠는 하루종일 회사에서 근무한 날에도, 미세먼지가 '심각' 단계인 날에도 컨디션이 좋지 않으면 씻지 않은 채 눕는다. 급성간염으로 응급실에 실려갔다 온 날도 박박 씻고 침대에 쓰러진 나는 상상도 못 할 일이다. 아니, 상상하기 싫어. 엄마는 특이하게 씻지는 않았어도 잠옷만 입는다면 침대에 올라갈 수 있다고 생각한다. 반반 치킨도 아니고 대체 뭐람. 그리고 안 씻었는데 잠옷을 왜 입어!

일상의 한 단면이지만 다른 점을 꼽다보면 어떻게 우리가 한 가족으로 사는지 궁금해질 따름이다. 태어난 이래 줄곧 같이 살아왔지만 엄마, 아빠를 보다보면 '어떻게 저러지?' 하는 부분이 한두 가지가 아니니까. 중요한 것은 얼마나 다른지가 아니라 다른 서로를 얼마나, 어떻게 포용하느냐겠지. 아빠가 멀끔히 청소한 싱크대에서 엄마가 기분 좋게 요리하고, 엄마가 정돈한 화장실에 치우지 않은 머리카락을 내가 줍듯 서로가 있기에 보완하고 채워갈 수 있다는 점이 우리가 같이 사는 이유로 충분하다. 설거지가 가득한 싱크대를 보며 짜증을 내기보다는 한 번 웃고 고무장갑을 끼는 것이 사랑이라고 하지 않던가. 그래도 아빠 침대에는 절대 안 누워.

누가 지금 골골 소리를 내었는가?

 큰일났다. 1월 초부터 엄마의 발목을 잡았던 기침 몸살이 떨어질 생각을 안 하더니 오늘은 아빠가 창백한 몰골로 늦장 출근을 했다. 요즘 바이러스가 워낙 강력해 몸에서 쉽사리 방을 빼지 않는다 들었지만 둘 다 쓰러지다니. 긴급명령 독수리 1호, 독수리 1호를 발령한다.

 부모님은 타고난 건강 체질은 아니지만 그 나이 또래에 비해 염증에 시달리는 일이 적었고 약을 달고 살지도 않았다. 코로나19 당시 유행하는 질병은 놓치지 않고 걸리는 나만 앓고 아빠와 엄마는 멀쩡했으니 말해 뭐 해. 아빠는 몇 년 전 큰 수술을 받은 적 있지만 완치 후에는 별 무리 없이 지내왔다. 매해 이불 빨래를 한 직후 온몸이 식은땀으로 흠뻑 젖는 대단한 감기를 앓아 엄마를 성나게 만들기는 했지만. 대체로 아빠의 감기는 코가 맹맹한 단계로 시작해 다음날 빠른 퇴근으로 몸살이 왔음을 알린다. 웃긴 게 코가 맹맹할 때 아빠에게 눈을 흘기며 "뭔가 오고 있는데" 하면 코를 킁! 하며 아니라고 부정한다. 아니긴 뭐가 아니야. 몸살이 온 아빠가 온수매트의 온도를 뜨끈하게 높이고 쌍화탕과 감기약을 먹으면 평소에는 밤 11시까지 넷플릭스 시청으로 떠들썩하던 거실도 9시 반이면 정적이 흐른다. 그러면 나머지 가족은 고요 속에 아빠의 회복을 기다리는 식이다. 대체로 나흘 안에 털고 일어날 몸살이지만 횟수가 잦을수록 걱정이 느는 것은 어쩔 수 없다. 출퇴근 외에는 몸을 움직이는 일이 거의 없으니 조금이라도 운동해서 몸을 덥히면 면역력이 한층 올라갈 텐데. 소파에 딱 붙은 엉덩이를 어떻게 들썩거리게 만들지 고민이 깊다. 그렇다고 금욕주의자에 가까운 아빠의 유일한 쾌락을 뺏을 수는 없고.

엄마는 유형이 다르다. 워낙 부지런하고 몸을 가만 두지 않는 성정 덕에 면역력이 굳건해 흔한 감기를 앓는 일도 뜸했다. 이제껏 몸이 아프다고 자리에 눕는 일은 손에 꼽을 정도였다. 하지만 이번 감기는 무언가 달랐다. 정확히 감기인지 무엇인지 모를 이놈은 나흘간 엄마의 정신이 아득해질 정도로 앓게 만들었다. 이후 이틀은 눈이 엄청나게 충혈되고 눈곱 때문에 눈을 못 뜰 정도였으며, 나머지 20일간은 지독한 기침을 동반해 '건강' 하면 자신 있던 엄마의 영혼마저 뒤흔들어놓았다. 답답한 마음에 이리저리 검색해보니 유행하는 '아데노바이러스'와 증상이 유사했는데, 병원에서도 감기 증상에 쓰는 항생제와 결막염에 쓰는 안약을 동시에 처방해줄 뿐 별다른 치료가 없었다. 비타민 C를 충분히 섭취해야 한다기에 귤도 몇 박스씩 사다 나르고, 기침이 날 때마다 마실 옥수수차도 뜨끈하게 끓여보았다. 면역력 향상과 기침 완화에 도움이 된다는 프로폴리스 스프레이도 사보았지만 효과가 없다는 엄마의 핀잔에 결국 내 입으로 다 들어왔다. 도라지와 배를 그대로 담았다는 농축액도 먹여보고 지방에 위치한 유명 온천에 데려가 찜질도 같이했다. 소식을 들은 언니도 기침에 좋다는 환을 택배로 보냈지만 콜록거리는 횟수만 조금씩 줄어들 뿐 예전처럼 극적으로 낫지 않아 이 역시 고민되었다.

자식이 나이들며 가장 속상할 때가 '나만 나이드는 줄 알았는데 어느새 부모님이 훨씬 나이든 것을 실감할 때'라고 하던데 요즘이 딱 그렇다. 내가 기억하는 아빠, 엄마는 분명 혈기가 왕성한 꽃중년은 아니더라도 어디 가서 픽픽 쓰러지는 일이 걱정되는 사람들은 아니었는데. 아빠의 리모컨이 〈생로병사의 비밀〉에서 멈추고 엄마가 창고에 처박아두었던 원적외선 안마기를 꺼내와 이곳저곳 마사지하는 모습을 볼 때마다 괜한 분노와 현대 의학을 향한 불신이 팽배해진다. 100세 시대라며. 누구나 오래 건강한 장수시대인 양 이야기하면서 왜 60퍼센트밖에 안 쓴 몸이 이렇게 고장나고 삐걱거리는지. 애초에 인간의 신체는 30대 후반까지 사는 것으로 프로그래밍되어 있다는 이야기를 들은 적 있다. 내 소화 능력과 관절이 이전 같지 않을 때는 친구들과 우스갯소리로 입에 올렸던 말이지만 부모님을 생각하면 절대 입 밖으로 꺼내고 싶지 않은 이야기다.

  엄마 역시 약해진 몸을 인정하고 싶지 않아한다. 엄마가 근래 들어 제일 화를 내는 경우는 '몸이 예전 같지 않다'는 사실을 스스로 실감할 때다. 손에 힘이 없어 자꾸 물건을 떨어뜨리고, 시력이 나빠져 무언가 보려면 두 개의 돋보기안경을 번갈아 써야 하고, 기억해야 할 사항을 잊지 않으려 눈에 띄는 곳에 적어두어야 하는, 한층 더 번거로워진 일상이 엄마를 화나게 한다. 무, 배추 등 재료가 그득한 장바구니를 척척 들던 단단한 팔이 돌이 채 지나지 않은 조카를 몇 번 안고 고장 난 사건 역시 엄마의 성질을 돋웠다. 야속하게 쑤셔오는 팔을 주무르며 "이제 더이상 못 하겠다" 하는 엄마에게 말로는 "어쩔 수 없잖아"라고 했지만 마음 한구석이 저린 듯 아려온다. 아픈 것도 분명 마음 쓰이는 일이지만 그런 상황을 겪는 것 역시 부모님도 처음일 텐데. 혼자 속상함을 삭인다는 생각에 더 목이 멘다. 어쩔 수 없는 일임을 알지만 어쩔 수 있다면 얼마나 좋을까. 자식이 1년치 나이를 먹을 때 부모는 0.5배속, 아니 0.3배속으로 나이들면 안 될까.

안방에서 들려오는 아빠의 몸살과 엄마의 기침이 만드는 골골 앓는 소리의 하모니를 들으며 착잡한 마음을 애써 갈무리한다. 적어도 곁에서 손발이 될 수 있는 지금의 처지를 감사히 여기고 할 수 있는 최선을 다 해야지. 몸살기도 기침도 언제까지나 이어지지 않을 것이라고, 아빠와 엄마는 아직 그렇게 나이들지 않았다고 계속 이야기해줄 테다. 그깟 바이러스 따위 이전처럼 얼큰한 짬뽕 국물 한 그릇이면, 뜨끈한 물에 몸을 담그는 시원한 목욕 한 번이면 나을 것이라고, 아직 그럴 수 있다고 이야기할 테다. 부모님이 옅게 코고는 밤, 아직 안 가본 수질 좋은 온천을 수소문하고 검색창에서 면역력 높이는 영양제를 찾는 두 눈이 분주하다. 내일은 가뿐한 몸과 맑게 갠 얼굴로 인사하기를 바라며 조용한 밤이 깊어간다.

【 에 필 로 그 】

엄마: 엄마, 키오스크 할 줄 알아? 웬만한 곳은 이제 주문 다 그걸로 받더라

딸: 응, 할 줄은 아는데 뒤에 누가 있으면 초조해져서 잘 못하겠어

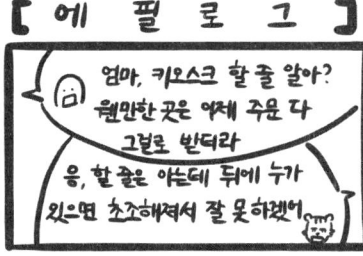

엄마: 나도 그래, 직원은 죄다 없애서 물어볼 데도 없고. 혹시나 무슨 일 생기면 나한테 연락해

딸: 응, 있으면 물어볼게

엄마: 딸, 이거 핸드폰 좀 봐줘. 뭔가 이상해

딸: 또 뭐 건드렸어! 엄마 기본 설정에서 아무거나 누르지 말라니까 진짜로오!

어쩌라고 대체?

덕질은 내가 한 수 위

 삶에 원동력을 주는 존재가 있다는 것은 기쁨이자 행운이다. 반려동물, 자식, 붕어빵과 전어처럼 해마다 챙겨먹어야 하는 제철 음식, 새로운 여행지를 개척하는 재미, 곧 공개될 작품을 기다리는 설렘까지 꼽으면 수많은 존재가 있겠지. 그중 나를 살아가게, 움직이게, 나아가게 하는 원동력을 꼽으라면 덕질이다. 정확히는 내 아이돌.

 언제부터 어떻게 시작되었는지는 알 수 없다. 정신을 차려보니 누군가 혹은 특정 작품을 사랑하고 있었고, 그것이 '덕질'이라 불린다는 사실을 안 이후 덕질 아니면 살 수 없는 지경이 되었다. 앞선 일화에서 일반 남성을 사랑하지 못하는 이성애자로 태어나 어쩔 수 없이 덕질하는 것치고는 꽤 많은 사람을, 꽤 깊은 감정으로 사랑하고 염원하고 욕심을 냈다. 누군가는 아이돌의 노래 한 곡으로 죽음의 고비를 넘겼다 하던데 나는 한겨울 햇볕에 말렸다 얼렸다를 반복해 만드는 황태처럼 죽음의 골짜기를 지나 천상에 이르렀다 다시 진창에 처박히며 덕후로 단단해졌다. 어떻게 모르는 사람을 그렇게까지 사랑하느냐 묻는다면 당신은 일반인이기 때문에 차라리 입을 다무는 것을 택하겠다. 덕질은 덕후 DNA를 지닌 사람만이 이해할 수 있는 법. 어설프게라도 이해시키고자 한다면 지금부터 팔만대장경을 써도 모자란다.

불행히도 그런 질문을 하는 사람이 우리집에는 세 명이나 있다. 나를 제외한 엄마, 아빠, 언니 모두가 해당된다는 말이다. 어쩌다가, 어쩌자고 이런 집에 배정되었는지 당사자인 나조차 알 수 없어 어렴풋이 짐작만 한다. 한때 다이제 과자에 꽂혀 모든 끼니를 다이제로 대체했던 엄마의 유전자가 내 안에서 엄청난 규모로 증폭되었다는 가설이 유력하다. 어렸을 때야 연예인을 좋아하는 아이들이 많았고 당시 가족들이 내 마음의 깊이를 헤아리지 못한 덕분에 덕질을 도와주기도 했다. 초등학생 때 나름 큰돈을 썼음에도 불구하고 브랜드의 모델이자 좋아하는 연예인의 포스터를 받지 못해 쭈뼛거리면 엄마가 대신 직원에게 물어봐주었고, 중학생 때는 당시 좋아하던 아이돌의 공연을 보러 서울에 가겠다는 나를 따라 엄마와 언니가 공연이 끝나는 시간까지 기다려주었다. 또래들이 데뷔하는 모습을 보고 아이돌이 되고 싶다며 밥을 먹다 말고 눈물을 뚝뚝 흘리질 않나, 새벽부터 기다려 참가한 토요일 공개 오디션에서 난칼에 탈락하고 닉심한 나를 보자 그제야 심각성을 인지한 듯했다. 하지만 후하게 평가해도 스스로 아이돌이 될 깜냥은 아니라는 사실을 알고 있었던 내가 조용해진 계기가 오롯이 덕질에 마음을 쏟기로 결정했기 때문임은 아무도 몰랐다. 당시의 나도 몰랐다. 잠깐 빗물이 고인 줄 알았던 얕은 도랑이 심연을 향한 통로였다는 것을.

말은 대학생이었지만 학생의 굴레에서 벗어난 스무

살, 역풍을 만나면 오히려 쾌속 질주하는 요트처럼 나의 덕질은 깊이가 더 깊어졌고 사랑이 더 커졌으며 더 먼 곳으로 나를 데려갔다. 신입생 환영회에서 유난히 말이 잘 통했던, 아이돌을 좋아하는 동기들과 급속도로 가까워졌고 찍덕인 친구와 다니며 '홈마'를 대리 체험하기도 했다. 웬만한 아이돌이 다 모이는 명절 특집 프로그램 촬영 현장에 들어가겠다고 족히 내 몸집의 두 배는 되는 무서운 보안 요원들에게 촬영 관계자라며 허풍을 치기도 했고 최애 아이돌이 온다는 다른 대학의 축제 티켓을 구해 남자뿐인 공과대 구역 한가운데서 목이 터져라 응원법을 외치기도 했다. 전공한 광고 홍보 중 홍보를 업으로 삼아야겠다고 결심한 목적도 내 아이돌을 더 가까이서, 그렇지만 일개 덕후 말고 업무 관계자로서 보기 위함이었다. 업계 특성상 연예인 초청 이벤트를 많이 하는 것이 결정에 유효했다. 정작 내 아이돌은 못 보고 남의 아이돌만 주야장천 보았지만. 덕후는 끝내 계를 못 타는 것인가.

무언가에 꽂혀 밤낮없이 몰두하면 대체로 열정적이라 칭송받지만 그 대상이 아이돌이라면, 그것도 학생 때 졸업하지 못한 채 성인이 된 후에도 매달리면 아무래도 시선이 달라지기 마련. 언니와 아빠는 나의 변함없는 열정을 그저 신기해했지만 엄마는 영 거슬렸던 모양이다. 방에 숨겨둔 앨범과 포토 카드, 굿즈를 용케 찾아내 얘가 뭐가 좋냐는 둥, 얼굴이 다 비슷하게 생겼다는 둥 시비를 못 걸어 난리였다. 이럴 때 특효약은 영업이다. 취향이 아니더라도, 생김새가 다른 애들과 고만고만해 보여도 인간은 적응의 동물이다. 한 사람을 오래 좋아하고, 그 시간 동안 반복 학습을 유도하다 보면("엄마, 이거 누구 파트였지?", "엄마 얘 이름 뭐라고 했지?") 점점 대상에 스며들고 익숙해지는 것이 자연의 아름다운 섭리. 엄마와 나의 덕질 시차가 맞지 않는 점은 좀 아쉽다. 한 예로 내가 10년 동안 좋아하다 자연스레 남의 새끼로 떠나보낸 아이돌은 현재 엄마의 덕질 대상이다. 거의 2시간에 달하는 콘서트 영상을 보았다고 좋아하기에 깜짝 놀랐다. 내가 엄마의 덕질 유전자를 물려받은 것이 맞다 그러네.

덕후냐며 옆구리를 은근히 찌르면 아니라며 고개를 쌩하니 돌리는 엄마의 덕질 본능을 깨우는 방법은 또 있다. 엄마가 좋아할 만한 공연 같이 가기. 라디오를 듣거나 함께 탄 차에서 흘러나오는 노래 중 엄마가 유난히 크게 흥얼거린 곡은 이문세 노래였다. 마침 나도 익숙했고 자발적으로 듣기도 해 지난번 콘서트에 같이 갔는데 엄마는 그날 하루종일 즐거워했다. 떼창에 묻어 고래고래 함성을 지르고 집으로 돌아가는 길, 이문세가 팬 서비스로 공연 예매자들에게 보낸다는 배웅 문자를 보며 엄마와 둘이 핸드폰을 손에 꼭 쥐고 발을 동동 구르기도 했다. 나훈아도 그렇고 역시 농익은 남성들이 뭘 안다고! 이건 찐이라고! 내가 아이돌 콘서트나 음악방송 방청에 가기 전에 이러다 가슴이 터질 수도 있다며 오늘 그 아이를 직접 보는 내 눈은 천국을 엿보는 경험을 하는 것이나 마찬가지라고 온갖 주접을 떨 때 혀를 차던 엄마는 어디 갔는지. 해보니 알겠지, 그냥 받아들여! 덕질은 즐거운 거라고! 자식으로서 얘기하는데 자식 덕질은 의미 없어! 팬 서비스는 마른 가뭄에 이슬 맺히는 격이고 병크만 줄줄이 일으킬 게 뻔하다고!

여전히 가족 중 그 누구도 나의 덕질을 온전히 이해

하는 사람은 없다. 나 역시 이해받고 싶은 마음은 없다. 그저 지금처럼 내 영역이자 나의 일부로 존중한다면 그만이다. 일상에서는 마주칠 일 없을, 대화 한번 제대로 해보지 못한 누군가를 부모처럼, 애인처럼, 같이 나이들어가는 친구이자 선배처럼, 영원히 외사랑이 되지 못할 짝사랑처럼 다양한 역할을 자처해 사랑하는 일을 어떻게 설명할지 아직도 모르겠다. 깊지만 마냥 잔잔하지 않고 전부 드러나 보이지만 하나로 단정지을 수 없고, 한없이 무조건적이다가 단번에 자취를 싹 감추어버리는 이 알쏭달쏭한 마음을 어디에 비유해 묘사할까. 나를 아끼는 엄마의 정성? 엄마에게 바치는 아빠의 헌신? 임마를 떠올릴 때 유난히 애틋해하는 언니의 애착? 다 맞기도 하고, 아니기도 하다. 이래서 일반인과 이야기하면 힘들다니까. 다들 진정한 덕질을 해보라고!

캥거루족이 집을 떠날 수 없는 이유

　캥거루족으로 살며 겪는 고충이야 다양할 것이다. 대상과 상황에 따라 다르겠지만 사회적 시선, 마음의 면역력이 약해졌을 때 찾아오는 자괴감, 제한된 자유 등등. 이런저런 불평불만에 침을 튀기더라도 집을 벗어날 수 없는 이유는 나름의 장점이 확실히 있기 때문이다. 장점인지, 현실적인 타협점인지 헷갈리지만 내가 캥거루족으로 살면서 이런 점은 괜찮더라? 꽤 좋더라? 싶은 점들을 적어보았다.

　첫째, 생활비 걱정이 덜하다. 보통 캥거루족으로 사는 장점이자 이유 중 경제적 문제는 압도적 우위를 차지한다. 엄두조차 낼 수 없는 집값과 관리비, 수도요금, 난방비 등 수많은 지출 공격에 안전하게 대피할 수 있는 나의 홈 스위트 홈, 아니 부모님의 홈 스위트 홈. 전월세 사기 피해에 대한 우려를 덜 수 있는 점도 원치 않았던 장점 중 하나다. 이것을 장점이라 할 수 있을지는 모르겠지만. 회사에 다닐 때 자취하던 직장 동료들은 퇴사하면 당장 다음달 생활비가 나올 곳이 없다며, 아무리 힘들어도 무조건 이직할 곳을 마련하고 퇴사해야 한다는 말을 입버릇처럼 하곤 했다. 돈이 곧 생존 문제로 직결되는 사회에서 회사를 그만두어도 내일 당장 삶을 위협받지 않을 수 있다는 것은 엄청난 장점이다.

둘째, 식사의 질이 높다. 1인용 먹을거리가 지금처럼 흔하지 않았던 몇 년 전만 해도 주위 자취생들에게 "과일 먹은 지 몇 개월 됐다", "김치가 없어 라면 먹을 때 단무지랑 먹는다"라는 소리를 심심치 않게 들었다. 식재료비가 오를수록 외식했을 때 가격, 영양, 질, 양 모두에 부합하는 메뉴를 찾기가 매우 어렵다. 본가에 거주한다면 이럴 가능성은 좀더 줄어든다. 가정마다 차이가 있겠지만 내 경우 급식 못지않게 건강식으로 편성된 식단이 꾸준히 유지되는 곳이 바로 집이다. 계절의 변화를 제철 나물로 느끼고, 조미료가 빠진 맛의 공백을 햇고춧가루와 진한 들기름으로 채울 수 있는 그곳. 엄마의 요리 실력도 한몫한다. 내가 아무리 좋은 재료를 사도, 소스를 붓기만 하면 되는 밀키트를 사서 요리해도 엄마의 연륜에 비례하는 '손맛'은 절대 무시하지 못한다(물론 요리를 잘하는 사람이 꼭 엄마일 필요는 없다). 조리 도구나 양념도 다 마련되어 있어 근사한 요리를 시도할 기회도 늘어난다. 부엌을 더럽혔을 때 날아올 엄마의 등짝 스매싱 정도는 감내해야지 뭐.

셋째, 무서울 일이 덜하다. 혼자 살면 무서울 일이 많다. 한 친구는 아파트 1층에서 자취한 적이 있는데, 밖에서 들리는 인기척을 백색소음으로 받아들일 때까지 몇 달간은 사람 발소리만 들어도 잠 못 이루는 밤을 보냈다고 한다. 특정 성에 국한된 문제는 아니지만 스토킹 등 표적 범죄나 묻지마 범죄의 피해자가 대부분 여성이다보니 혼자 사는 여성의 불안감은 상당히 크고 구체적이다. 이럴 때 부모님과 같이 살면 심적 안정에도 도움이 되고 범죄 예방에도 어느 정도 효과가 있다.

그 밖에도 무서운 영화를 보거나 무서운 이야기를 들으면 아직도 잠을 설치는 나 같은 쫄보에게 가족들의 인기척은 큰 위안과 안정감을 준다.

넷째, 언제든 대화할 상대가 있다. 회사를 관둔 이후에는 입을 뗄 거리가 없었다. 출근할 때는 자질구레한 잡담과 소소한 인사까지 피로하고 귀찮을 때가 많았는데 막상 이야기할 상대가 없어지니 무료하기 짝이 없었다. 신나거나 울적하거나 화나는 일이 있을 때 시시콜콜 다 설명하지 않더라도 감정 공유 정도는 하면 좋을 텐데. 브이로그를 찍지도 않는데 혼잣말을 하기에는 머쓱하고, 친구들에게 카톡이나 통화로 이야기하기에는 생동감이 부족하고, SNS에 공유하기에는 대단하지도 않고, 구구절절 쓰기에도 애매한 말이라. 이럴 때 내 이야기를 들어주고 반응해줄 누군가가 있다는 것은 기쁜 일이다. 특히 허물없이 이야기할 수 있는 가족이라면 더욱 좋다. 타인이라면 입을 뗀 게 멋쩍어지는 아주 소소한 일상이라도 가족 앞에서는 재담을 가장한 아무 말 대잔치를 마음껏 펼칠 수 있다. 이는 사회성을 포함해 사용하지 않으면 현격히 떨어지는 대화 스킬과 공감 능력을 유지하는 데도 도움된다.

다섯째, 생활 패턴을 유지할 수 있다. 혼자 산다면 쉬이 무너지는 생활 패턴도 가족, 특히 부모님과 함께 산다면 꾸준히 유지 가능하다. 자취를 시작하면 가장 빨리 망가지는 것이 수면 패턴이고 식습관, 운동 등 나머지 일과가 도미노처럼 무너진다는 이야기를 자주 들었다. 함께 살면 알람을 끄고 다시 누웠다가도 다른 사람이 씻는 소리에 몸을 일으키게 된다. 우울한 마음에 하루종일 방 안에 나를 가두다시피 해도 가족이 오가는 소리에 시간의 흐름이라도 알 수 있게 된다. 최소한의 루틴 유지는 나의 통제력, 더 나아가 삶의 질에도 영향을 주는 중요한 요인이다.

이는 비혼자이자 타인과 함께 살 의향이 없는 나에게는 큰 장점이지만 결혼하거나 동거한다면 대체로 해당될 항목들이다. 생활비야 나누면 되고 밥에 진심인 상대와 산다면 두번째 항목도 가능하다. 그럼에도 불구하고 배우자, 애인, 친구, 지인과의 동거와 비교할 때 부모님과 함께 사는 장점을 말하라면 부모라는 이름에 가려진 사람에 대한 이해의 폭이 넓어지는 점을 꼽을 수 있다. 내 부모라도 '저것은 아니다' 싶었던 면들이 같이 나이들고 보니 '이해할 법한' 모습이 되었다. 부탁에 호소까지 더했음에도 불구하고 왜 희한한 부분에서 고집을 부리는지 이유를 알게 되었다. 골백번 말한 이야기를 기억하지 못하는 것은 애정이 없어서가 아니라 정말 정신이 없었기 때문임을 깨닫게 되었다. 오래전 보았던 드라마 대사 중 "인간은 각자의 설움을 갖고 있다"라는 말을 나는 최근에서야 이해했다. 이렇게 되기까지 수없이 많은 분노와 포기, 짜증과 단념을 온탕과 냉탕을 오가듯 겪어야 했지만 힘이 빠져 물렁한 눈으로 바라본 부모님은 꽤 귀엽다. 부모님 입장에서는 자존심 상할 수 있겠지만 원래 귀여우면 끝이라 했다. 사랑에 빠질 수밖에 없는 최종 함락 지점 말이다.

쓰기 전에는 뭐라도 쥐어짜야 장점이 나올 것이라 생각했는데 내심 좋다고 생각한 부분이 많다. 그러니 여태 안 나갔겠지. 가족마다 지닌 성향과 생활 패턴에 따라 다르겠지만 수다쟁이인 내가 제일 좋다고 생각하는 점은 역시 대화할 상대가 언제나 있다는 것. 태어날 때부터 나를 봐온 부모님이기에 느끼는 감정을 가감 없이 드러내도 오해나 선입견 없이, 가치 판단은 최소화한 채 있는 그대로를 받아들인다. 나처럼 걱정을 달고 사는 사람에게는 얼마나 안심되는 일인지. 이 글을 쓰는 와중에도 이야깃거리가 속속 떠올랐다. 또 전용 모터를 입에 장전하고 나가볼까. 엄마, 이 얘기 좀 들어봐!

【 에 필 로 그 】

리모델링? 인테리어? 뭣이 중헌디

1세대 아이돌 GOD의 대표곡 〈어머님께〉에는 이런 가사가 있다. "남들 다 하는 외식 몇 번 한 적이 없었고 (중략) 어머님은 짜장면이 싫다고 하셨어." 우리집을 대입해 가사를 바꾸어보면 이렇다. "남들 다 하는 리모델링 한 번 한 적이 없었고 (중략) 부모님은 리모델링이 싫다고 하셨어."

코로나19 이후 인테리어와 리모델링의 수요가 폭발적으로 증가했지만 평생 살며 리모델링의 '리'자도 건드리지 않은 곳이 우리집이다. 매번 새집으로 이사를 다녔느냐 하면 아니다. 리모델링을 완료한 집으로 이

사를 갔느냐 하면 그것도 아니다. 수많은 이사 경력에도 손대는 부분은 오로지 도배와 장판 딱 두 가지뿐이었다. 선택의 근간이 되는 이유는 '그럴 필요가 없었기' 때문이다. 인테리어에 딱히 관심 없고 청결하기만 하면 되는 아빠, 엄마에게 리모델링은 필요 이상의 낭비였다. 온 집 안을 잠식한 '체리 몰딩'의 연관 검색어로 '공포'가 따라붙어도, 너나없이 오늘의 집 VIP 회원이 되어도 우리집과 거리가 먼 이유다.

부모님은 그렇다 쳐도 나는 어떤가. 나 역시 아빠, 엄마를 닮은 구석이 많아 인테리어에 그다지 신경쓰지 않'았'다. 이 말인즉슨 지금은 상황이 달라졌다는 이야기다. 회사에 다닐 때는 야근이 많아 집순이라도 방에 머무르는 시간은 고작 잠자는 시간에 한정되었다. 재택근무를 하더라도 어디든 노트북을 펼칠 공간만 있다면 상관없었고 줌 미팅이 있을 때는 생활감이 눈에 띄지 않도록 아무것도 없는 벽을 등지고 앉으면 그만이었다. 당장 내 눈앞에 닥친 일이 아사리판이라 쳐내기 바쁜데 체리 몰딩이든 유행 지난 나무색 장판이든 신경쓸 여력이 없었다. 집에 머무르는 시간이 길었던 주

말에도 평일에 놓친 덕질 떡밥을 줍기 위해 아이패드나 핸드폰을 들여다보는 시간이 절대적으로 길었고 방은 그저 머리카락이나 먼지 없이 깔끔하게 유지하는 것으로 만족했다.

퇴사하고 대부분의 시간을 방에서 눈 뜬 채 보내다 보니 보이지 않던 것들이 보이고 종국에는 거슬리기 시작했다. 정신없이 글을 쓰다 고개를 들었는데 나를 반기는 것은 보라색과 회색이 아슬아슬하게 밀고 당기다 결국 조화를 이루는 데 실패한 암막 커튼. 좋아하는 작가의 소설을 읽다 파도처럼 밀려오는 먹먹함을 달래려 시야를 돌렸는데 초극세사 이불 위에 수놓인, 화려하다 못해 공격적으로 핀 꽃송이들. 그래, 고맙다. 덕분에 눈물이 단번에 쏙 들어갔다. 그제야 주변 지인들의 인스타만 보아도 잡지에 나올 법하게 꾸며놓고 사는 경우가 허다한 것을 알았다. 가끔 충동이 치밀어오를 때 유튜브에 '방꾸' 과정을 올린 사람들처럼 내 방이라도 냅다 페인트를 칠해버릴까 했지만 그도 이상해 일단 참아보려 했다.

하지만 조그만 소품을 두었다가 치웠다가, 올렸다가

내렸다가 해보았자 분위기를 뒤집어엎기에는 명백한 한계가 있었다. 참다 참다 표적이 된 것이 내 방의 책상이었다. 20년 넘게 함께한 책상은 책상에 붙은 서랍, 한쪽 벽을 메우는 큰 책장, 책상 위에 올라가는 거대한 책꽂이까지 말 그대로 학생이 공부만 하기에 최적화된 가구였다. 책꽂이는 넓게 트인 창문을 다 막아버렸고 잡다하게 딸린 부속물도 많은 자리를 차지해 번잡해 보였다. 정작 안에 넣을 물건도 없고 책상만 빼도 확보한 공간을 활용할 방법이 많을 텐데. 중고 마켓에 올리려 해도 크기와 무게가 상당하다보니 배송에 신경쓸 것이 많아 골치였다. 결국 내 고민을 들은 아빠가 당신이 사용하겠다며 책상을 사무실로 가져갔고, 나는 이케아에서 기존 책상의 20퍼센트도 안 되는 가격의, 철제 다리와 상판만 있는 작은 테이블을 사서 책상으로 탈바꿈시켰다. 새로운 책상의 간단한 설치를 마친 날 바뀐 내 방을 구경하러 왔다 책상을 본 아빠는 '이걸 하겠다고 원래 있던 것을 버린다고 했나' 하는 황당한 표정으로 나를 바라보았다. 뭐, 어때요. 내가 좋다는데.

책상을 시작으로 커튼, 행거, 협탁 등 방의 작은 가

구들을 조금씩 바꾸기 시작했지만(기존의 소품들은 모두 아빠와 엄마가 어디론가 가져갔다) 아직 갈 길은 구만리다. 일단 앞서 말한, 겨울철마다 등장하는 요란한 꽃무늬 극세사 이불이 있고 어릴 적 추억이라는 이유로 차마 처리하지 못한 옛날 소품들이 있다. 방을 나서면 스무 해가 넘는 여름마다 "어르신, 컨디션은 괜찮으신가요?" 하고 물으며 조심스레 전원을 켜는 누런 에어컨, 쓰지도 않으면서 자리만 차지하는 홈 시어터, 누운 사람이 움직일 때마다 요란스레 삐걱거리지만 '혹시 몰라' 남겨둔 언니의 침대, 한 번에 많은 양의 물을 빼면 아랫집 천장에 물이 새서 용도와 달리 목욕은 절대 할 수 없는 욕조 등등. 비슷한 시기에 샀던 물건들이 동시에 고장이 나고 보풀이 생기며 삐걱대듯 집 또한 그렇더라. 어차피 계속 살 거라면 닳고 고장난 부분은 고쳐서 살자며 리모델링을 염불처럼 외고 있지만 엄마에게는 씨알도 먹히지 않는다. 그런 말할 거면 빨리 독립하라는 소리로 역공을 당할 뿐이다. 나 혼자 잘 살자고 이래! 다 같이 잘 살자고 이러는 거 아냐!

남들처럼 SNS에 자랑하지 않으면 못 견딜 정도로 예

뻔 공간은 아니더라도 적어도 생활에 불편은 없어야 하지 않겠나 하는 생각이 들다가 쓰레기 중 가장 많은 부분을 차지하는 것이 건설 폐기물이라던데 우리집이라도 그 대열에서 빠진다면 좋은 일 아닌가 싶기도 하고. 어차피 방 한 칸에 얹혀사는 일개 세입자가 이러쿵저러쿵 따질 문제는 아닌가 싶다가도 세입자니까 말하는 거지 하는 생각도 들고. 생각은 복잡하지만 집 자체가 중요하다기보다는 그 안에서 일어나는 일들, 함께 사는 가족과의 관계 등이 더 중요하겠지 하는 생각도 든다. 이른바 '집착광공'의 집처럼 먼지 한 톨 없이 깔끔하고 번쩍번쩍한 펜트하우스라도 안에서 말소리 하나, 웃음소리 한 번 나오지 않는다면 그게 무슨 집이겠어? 오늘도 긍정 회로를 돌리고 합리화하며 만족해보련다. 근데 엄마, 카펫은 조만간 내 취향으로 바꿀게. 제발.

【 에 필 로 그 】

너 캥거루? 나 캥거루! 하지만 모습은 달라

 시간이 갈수록 캥거루클럽에서 탈출하는 지인들이 많아지고 있다. 대체로 지방이나 경기도 외곽에 본가가 있지만 서울로 출퇴근해야 하기에 자의 반, 타의 반으로 자취하는 친구들이 다수다. 겪어본 자로서 출퇴근 왕복 3시간 동안 타인과 코를 맞댄 채 숨 쉬느니 은행과 일평생을 약속하겠다는 친구들을 말릴 수는 없다. 그럼에도 불구하고 엽기떡볶이에 들어간 비엔나소시지처럼 지인 중 간간이 캥거루족의 삶을 유지하는 이들이 있다. 흥미로운 점은 모두 처지는 비슷하나 가족의 성향이나 관계, 라이프스타일에 따라 사는 양상이 매우 다르다는 사실이다.

지인 A의 가족은 개인적 성향이 강하다. 해외여행 때문에 며칠 혹은 몇 주간 집을 비우는 일이 생겨도 통보만 하면 딱히 괘념치 않는다. 해외로 가는 비행기 안이나 현지에 도착한 이후 어디냐고 묻는 질문에 해외라고 답한 일도 다수라 한다. 귀가시간 역시 밤이든 새벽이든 다음날 아침이든 신경쓰지 않는다. 빨래도 본인 옷만 따로 돌리고 집에서 식사하는 일이 생기면 원하는 음식을 직접 만들어 혼자 먹는다. 만일 가족 중 누군가 만든 음식을 같이 먹고 싶으면 미리 이야기해야 하고, 주로 방문을 닫고 생활한다. 처음에 이 이야기를 들었을 때는 '타인과 사는 셰어하우스와 다름없네' 싶었지만 서로 간섭하지 않는 만큼 자유도가 높고 하고 싶은 일을 할 때 거리낌 없어 좋을 듯하다.

지인 B의 가족은 느낌이 다르다. 개인이 원하는 것이 있으면 본인이 행하고 책임지는 형태는 비슷하나 내부 커뮤니케이션이 보다 빈번하다. 특히 자매가 함께하는 시간이 많고 부모님에게 기대는 부분은 적은 편이다. 부모님 역시 자녀들이 문제 해결을 위해 상의

하거나 허락을 구하는 일을 기대하는 눈치가 아니다. 역으로 부모님이 자녀에게 어떤 일을 부탁하거나 조르는 일이 있을 때도 있다. 각자의 스케줄이나 회사생활 등 일상을 세세히 알거나 알려고 노력하는 편은 아니지만 독립적인 성인으로 서로를 존중하고 책임을 묻는 건전하고 이상적인 구조다. 지인 B는 결혼하지 않는 한 독립에 대한 의사가 크지 않다.

  우리집은 또 다르다. 앞서 이야기한 두 지인의 가족보다 내부 커뮤니케이션이 더 활발하고 가족 단위로 묶여 행동하는 일이 많다. 외출하거나 여행을 갈 때는 미리 이야기하는 것이 당연하다 생각하고 누군가 집에 없거나 연락이 없으면 전화해 어디인지, 언제 들어오는지 묻고 빨리 들어오라 재촉도 한다. 밖에서 있었던 일들은 대체로 다 터놓고 이야기하는 편이고 외출해 맛있는 음식을 먹으면 포장해와서 같이 먹기도 한다. 떨어져 사는 언니도 이틀에 한 번꼴로 영상 통화를 하고 영상 통화가 불가하면 일반 통화나 카톡으로 소식을 지속적으로 주고받는다. 언니네 집에 설치된 아기용 관찰 캠도 언니와 형부의 동의하에 엄마의 핸드폰으로 수시로 확인이 가능하다.

앞의 사례를 살펴보면 아버지들은 모두 직장생활을 하는 관계로 차치하고 어머니의 성향이나 일상 패턴이 집안 분위기에 영향을 많이 미치는 듯하다. 어머니가 사교관계나 취미생활에 집중할수록 구성원 개개인의 자유도가 좀더 높아지고 집에서 벌어지는 활동이 더 적었다. 집에 있기를 선호하거나 집안일을 자신의 일이라 생각하는 어머니가 있다면 좀더 공동체적 생활을 중시하고 일상을 가족 위주로 생각하게 되는 경향이랄까. 가족 구성원간 성향이 비슷하게 태어나 살면서 더 닮아가는 부분도 있겠지만 겪은 바에 따르면 이렇게 추측이 되었다. 개인의 성향에 따라 장점으로 느끼는 부분도 있고 단점으로 느끼는 부분도 있듯 무조건 좋기만 하고 나쁘기만 한 것은 없겠지.

최근에도 엄마와 이런 부분에 대해 이야기를 나누었다. 나는 우리 가족 역시 앞서 이야기한 지인들의 가족 관계처럼 변화하기를 기대하는 부분이 있었다. 가족 간 삶의 접점을 크게 이어오다보니 상대를 배려하려다 필요 이상으로 해야 할 말을 못 하고 새로운 시도를 제

한받거나 때로는 오해를 불러일으키는 상황이 생긴다는 느낌이 들었기 때문이다. 각자 원하는 부분을 이야기했을 때 의견을 구하는 수준이 아니라 허락을 맡는 모양새가 되는 것 또한 자주성을 떨어뜨린다 생각했고 고려해본 적 없던 독립을 소망하는 이유가 되기도 했다. 가족이라도 각자의 삶은 다를 수밖에 없고 부모님의 의견은 참고서일 뿐 결코 답안지는 아니라는 생각은 항상 동일했지만 이젠 좀더 나아가고 싶은 마음이랄까.

물론 물리적으로 분리한다고 독립성이 하루아침에 뚝딱 길러지는 것이 아님을 수많은 사례를 통해 확인한다. 결혼 후에도 사사건건 부모님에게 연락해 도움을 청하고 주말마다 찾아와 아이 봐달라, 반려동물 봐달라 등을 요구하는 사람들 이야기가 주변에서 심심치 않게 들리는 것을 보면 독립이 진짜 독립이 맞나 하는 생각도 든다. 불가피한 사정이 있을 수 있겠지만 내가 꿈꾸었던 독립의 개념 혹은 모습과 현실은 참 다르구나 싶은 마음.

물리적인 독립이 자주적인 독립을 보장하지 않는다면 집 안에서 벌어지는 완전한 독립도 불가능한 일은 아니다. 가족들이 시시때때로 벌컥벌컥 열어젖히는 문 너머 작은 공간이라도 나만의 동산을 만들고 단단한 심지를 꽂아둔다면 그것이 독립이고 홀로 서는 것이지 독립이 뭐 별건가. 수명 다한 모터를 달아둔 것처럼 휘청거리고 벌벌 떨리는 다리라도 살며 키워낸 애정과 나를 향한 믿음을 영토삼아 끝내 곧게 펼 의지만 있다면 독립은 그리 멀지 않다. 아직은 어설플지라도, 온 땅이 내 차지가 아니더라도. 발 디딘 바로 여기부터 독립의 여정이 시작된다.

용돈이라는 이름의 부채

 엄마가 "자, 이거"라는 말과 함께 마주앉은 식탁에 5만 원권 네 장을 살포시 내려놓았다. "뭐야 이게?" 하고 되물으니 용돈이란다. "나 돈 안 필요해!"라는 말로 1차 형식적인 거부를 했다. 물론 돈은 언제나 필요하다. 억만장자가 아닌 이상 많으면 많을수록 좋은 게 돈 아니겠어. 2차로 연신 손사래 쳤지만 강도가 생각보다 약했는지 결국 20만 원을 받은 채 불퉁하게 고맙다는 인사를 했다. 이 나이에 용돈을 줄 부모님이 있다는 사실에 감사한 것은 차치하고 소화하지 못하는 연유를 한 통 먹은 것처럼 영 속이 불편했다. 이 또한 다 빚이라고 생각하는 사람이 바로 나니까.

　언제부터 그런 생각을 했는지는 모른다. 어릴 적 부모님이 종종 건넸던 "결혼하기 전에 너희 키워준 비용 1억 갚고 가야 해!"라는 말 때문인지, 아니면 어떤 상황이든 일단 내 능력으로 나 혼자 해결하기를 원하는 엄마의 독립적인 성향을 닮은 탓인지 어쨌든 나는 예전부터 '스스로 번 돈을 쓰는 것이 가장 마음이 편하다'라는 신조를 갖고 있었고 주위 친구들보다 빨리 사회생활을 시작했다. 용돈이 부족했냐 하면 아니었다. 성인이 된 후 직장에 다니기 전까지 받았던 한 달치 용돈은 20만 원이었다. 요즘에는 초등학생도 이보다 많이 받는다지만 그때의 나는 부족하다고 느끼지 않았다. 학교 다닐 때는 비싼 식사를 하는 일도 드물었고 술 마시는 취미가 없어 마땅히 돈 쓸 일도 없었다. 해외여행, 욕심껏 마련하고 싶은 브랜드의 옷이나 가방 등 큰돈이 필요할 때는 열심히 사이트를 뒤져보면 커리어와 돈을 동시에 쌓을 기회를 발견할 수 있었다. 내가 전공하고 커리어로 결심했던 홍보 분야는 업무 강도가 높았기에 항상 일손이 부족했고 남들보다 빨리 시작한 SNS를 활용해 명품 브랜드 가방과 행사 티켓, 커리어의 물꼬를 튼 인턴 자리까지 얻을 수 있었다. 본격적으로 일을 시작하면서 패션 잡지 초청 행사를 핑계로 5성급 호텔이나 '힙플레이스' 등 좋은 곳을 갈 수 있었고 고가의 화장품, 가죽제품 등을 받는 기회도 잦았다. 회사를 옮겨도 친한 동료들을 곳곳에 만들어둔 터라 만날 때마다 업계 정보에 얹어오는 짭짤한 수익의 아르바이트는 덤이었다.

어릴 때부터 내 이름으로 들어오는 돈을 손대지 않고 관리해준 엄마의 도움도 한몫했다. 수입이 정기적으로 들어오는 직장인이 된 후에는 월급 중 내가 정한 기준 이상은 꼬박꼬박 저축했다. 때로는 극난석으로 지출을 줄이다 응축된 욕구가 터져 카드 마그네틱이 닳도록 소비한 적이 있었다. 시간이 지나면서 살 만큼 사봤고, 쓸 만큼 쓰지 않았나? 하는 생각에 물욕이 거의 없다 싶을 정도로 줄어들었다. 마지막 직장을 그만두며 수입이 아예 없어졌지만 여생을 위한 최소한의 의무감으로 쌓은 통장 잔액 덕분에 2년 넘는 시간 동안 생활 전반에 필요한 돈은 스스로 충당했다. 이 정도

추세라면 내년 정도에 삶을 리셋해야 한다는 사실은 필사적으로 모른 척하고 있다. 중요한 깨달음은 늦는다고. 통장 잔액이 극도의 허기짐에 알아서 자가 증식할지 어떻게 알겠어.

중요한 것은 이렇게 모은 돈이 진짜 내 것이냐는 말이다. 일단 물리적으로 돈을 번 사람도 나요, 내 명의의 통장과 카드, 지갑에서 나간 돈이니 내 돈이라 말은 하겠지만 부모님 집에 사는 이상 이 돈이 정말 내 것인가에 대한 의구심은 끊임없이 생긴다. 내가 머무르는 집, 입으로 들어가는 음식, 샤워하거나 볼일을 보며 사용하는 물까지 어느 하나 내 돈으로 산 것이 아닌데. 독립했다면 이 모든 비용은 내가 부담했어야 하는 것이 아닌가? 그렇다면 내가 쓴 물값으로 옷을 산다면 그것은 부모님 옷이야? 처지는 전혀 다르지만 드라마 속 재벌가에서 철없는 자식을 내쫓으며 부모가 읊는 대사가 생각난다. "너 나갈 거면 이때까지 우리가 해준 거 다 두고 나가!" 그런 말을 들으면 나는 어디까지 갖고 나갈 수 있을까. 실제 그런 말을 듣는다면 어떻게 그럴 수 있어! 하며 치사하다 하겠지만 상상만 해도 머리가 지끈거린다.

  복잡하고 때로는 불필요할 만큼 구체적인 계산식은 나를 내용물 하나 없는 만두피처럼 쪼그라들게 만든다. 내 돈 벌어 내 돈 쓰는 것이 허영이자 낙이었던 사람이니 더 그렇다. 사실 이 계산식의 해답은 간단하다. 생활비를 드리면 된다. 직장에 다니던 시절에는 생활비 개념의 용돈을 드렸지만 현재는 그만한 여유가 없다. 상황을 아는 엄마도 딱히 강요하지는 않는다. 비정기적으로 부모님의 생일, 어버이날, 설날 등에 용돈을 드리나 내 생일, 설날, 오늘처럼 유달리 엄마가 기분 좋은 날에 비슷하거나 더 큰 금액으로 돌려받는다. 집안에서 이루어지는 순환경제에 참여하기 위해 없는 돈을 긁어모으다가도 회사를 다니던 시기에 미리 돈으로 효도해놓기를 잘했다는 생각이 든다. 과거의 내가 쌓은 공덕이 현재의 나를 구했구나. 근데 이럴 거면 그냥 아무것도 안 주고 안 받는 게 나은 거 아닌가?

  이런 생각이 들 때마다 꿍얼대는 나와 달리 아빠, 엄마는 희희낙락이다. 언젠가 한번 진심으로 물어본 적이 있다. 장성한 나를 신경쓰는 것이 피곤하고 지겹지 않냐고. 장난으로라도 "지겹지!" 하는 대답이 돌아올까 몰래 발톱을 세우고 있던 것이 무색하게 엄마가 전한 답은 "아니, 전혀?"였다. 아직까지 엄마가 무언가 해줄 수 있다는 사실이 행복하고, 능력이 닿는 데까지 그 역할을 하고 싶다고. 최근 아빠는 내가 알뜰요금제를 사용한다는 이야기를 듣고 돈이 부족하면 쓰라며 당신 카드 정보가 적힌 메모를 주었다. 나는 그저 누리는 혜택 없이 비싼 비용을 지불하는 것이 아까워 알뜰요금제를 썼을 뿐인데! 그 메모지는 내 돈으로 해결할 수 없는 일이 생기면 사용할 요량으로 보관해두었다가 얼마 지나지 않아 버렸다. 내 돈으로 해결할 수 없는 일이 없도록 벌겠다고 결심하며.

한 심리학자가 말하길, 나이든 부모가 자아효능감을 느낄 수 있도록 자식들이 일부러 어설프게 행동하고, 챙김을 받아야 하는 사람처럼 굴 필요도 있다고 한다. 이것도 그런 자아효능감 중의 일부일까? 아니면 자식인 내가 영영 이해하지 못할 내리사랑의 한 형태일까.

5만 원권을 가지런히 펴 지갑에 소중히 담았다. 엄마는 웃으며 곧 다가올 크리스마스 기념으로 갖고 싶은 것이 있다면 하나 사라고 이야기했다. 내가 무슨 애도 아니고. 당분간은 이 돈에 손대지 않을 생각이다. 만일 쓰게 된다면 엄마와 먹으리라 단단히 별렀던 마라떡볶이를 주문하든가 엄마가 주기적으로 찾는 빵을 한 아름 살 때겠지. 아빠가 좋아하는 사과를 담을 때라든가 엄마의 최애 온천여행을 다녀올 때도 좋다. 키워준 비용이건 내가 자발적으로 떠안은 마음의 빚이건 간에 돌려줄 때까지 꼭 건강해. 그때까지 어떻게든 로또 1등에 당첨되고 만다. 사장님, 여기 자동 5000원이요.

나도 아빠 딸은 처음이야

지금껏 캥거루족을 소재로 글을 써왔지만 아빠를 전면에 내세운 것은 처음이다. 장문의 글 속 콕콕 박힌 '엄미, 아빠' 혹은 '부모님'이라는 표현이 없었다면 신불리 한부모가족으로 착각할 만큼 아빠의 언급이 적었다. 왜냐하면 실제로 아빠와 그리 가까운 사이가 아니기 때문이다.

'아빠와 가깝지 않다'라는 문장은 말을 꺼낸 나의 무심함과 합쳐져 상대방을 다소 당황스럽게 만들기도 했다. "홍시에서 홍시 맛이 난다"라고 말할 수밖에 없듯 아빠와 친하지 않아 친하지 않다고 말했을 뿐인데 그렇게 당황할 일인가? 방송이나 유튜브 콘텐츠에서 아빠와 친구처럼 장난도 치고 데이트도 하고 카톡도 하는 자식들을 많이 봐왔지만 나는, 우리는 그렇지 않다. 우리 아빠 또한 자식과 친구처럼 지내고 싶어하는 성격이 아니다. 성인이 된 지금도 언니와 나는 아빠에게 존댓말하고 무의식적으로 정제된 말만 꺼내니까. 그나마 언니는 아빠와 성격이 닮아 말하지 않아도 통하는 부분이 있을지 몰라도 나와 아빠는 물과 기름처럼 섞이지 않는 구석이 있어 서로를 편하게 대하기 힘들다. 아빠는 순간순간 변하는 내 기분을 감지하지 못하고 나는 아빠의 무사태평함으로 가려진 수많은 생각을 이해하지 못한다. 그렇게 서로에 대한 이해의 폭은 30년간 차곡차곡 쌓인 두터운 벽에 가로막혀 현재도 속마음을 거의 알지 못한다.

누군가는 이런 모습을 보고 '그게 무슨 가족이냐', '그게 무슨 부녀 사이냐' 하며 우리 부녀관계를 의심하겠지만 사실 우리 사이는 아주 평탄하고 고요하다. 이야기를 많이 하고 생각과 일상을 공유해야 화도 내고 친해졌다가 멀어지기도 한다. 그 최소한의 이야기도 하지 않는 관계는 일정한 평행선으로 존재한다. 한집에 살지만 엄마를 매개로 서로에게 벌어지는 굵직한 일상을 공유할 뿐, 그에 대한 언급은 식사 자리나 집에서 오갈 때 "~했다며?" 혹은 "아빠 ~하셨다면서요?"라는 짧은 문장으로 구체화되었다가 금세 휘발된다. 이를 사이가 안 좋다고 말할 수 있을까.

조금은 의도적인 거리감이 아빠에 대한 반발심이나 미운 감정의 발현이냐라고 묻는다면 솔직히 잘 모르겠다. 예전에 엄마가 해준 이야기에 따르면 아빠가 우리를 키우면서 언젠가 그런 말을 했단다. 딸을 처음 키우다보니 아직도 언니나 나를 대하는 것이 어렵다고. 그 이야기를 처음 들었을 때는 좀 어이가 없었다. 누구는 딸 키우는 예행연습이라도 해서, 딸을 한 100명쯤 키워봐서 잘 키우나. 몰라서 매 순간이 당황스럽고 지난할지라도 노력으로 극복해야 하는 게 부모 아니야? 그럼 뭐 아들은 낳아서 키워봤나? 하는 생각이었다. 하지만 나도 나이들고, 나와 함께 나이들어가는 아빠의 모습을 보면 당시 겪었을 막막함이 조금은 이해된다. 부모도 부모로 태어나는 것이 아니니까. 지금 내 나이에 두 명의 자식을 키워야 하는 입장이었으면 나라도 힘들었을 것이다. 나는 그 힘듦과 막연한 책임감이 두려워 결혼도 싫다 했으니. 더군다나 꼿꼿하고 엄격한 할머니와 다정하지 않은 형들 밑에서 자랐던 아빠의 과거를 생각하면 어쩔 수 없겠다 싶기도 하고.

아빠와 함께한 장면은 대체로 이렇게 기억된다. 언니와 나 모두 초등학생일 때 언니가 엄마와 걸스카우트 야외 캠핑에 참가해 1박 2일 집을 비운 적이 있다. 그전까지만 해도 아빠와 단둘이 남겨질 일은 극히 드물었고 저녁을 둘이 먹어야 하는 상황은 더욱 드물던 때였다. 어린아이인 내가 밥을 차리게 할 수는 없고 아빠가 손수 밥을 차리기에는 지금처럼 마음이 열려 있지 않았고. 결국 매번 네 식구가 함께 가던 고깃집에 갔다. 오늘은 부녀끼리 왔느냐며 반기는 식당 사장님의 인사에 대답도 못 할 만큼 말 그대로 어색 그 자체였다. 시간이 흐르고 언니와 형부의 상견례, 회사에서 무섭기로 유명했던 직속 상사와 회사 대표님과의 식사, 잘 보여야 했던 브랜드 담당자를 접대하던 자리, 해외에서 처음 만난 한인 숙소 사람들과의 식사 등 여러 불편한 식사를 해보았지만 그때 우리 사이를 메우던 밀도 높은 어색함, 입천장을 쓸던 따뜻하고 들척지근한 돼지갈비 맛이 가장 선명하게 남아 있다. 때로는 가족이라 남보다 더 어색할 수 있다는 사실을 처음으로 감각했다.

아빠는 드물게 우리를, 나를 무섭게 혼내기도 했다. 부모님에게 혼난 기억 중 압도적인 지분은 엄마가 차지하나 아빠가 우리에게 직접 화를 내는 일은 드물었기에 용케 기억이 살아남은 것인지. 가장 혼났던 기억은 중학생 시절 엄마 지갑에 손을 댔을 때다. 엄마가 화장실에 간 사이 지갑에서 1만 원을 꺼냈는데, 난생처음 느낀 기이한 충동에 따른 행동이었다. 꼬박꼬박 가계부를 썼던 엄마는 그날 저녁 무언가 이상함을 느꼈고 나와 입씨름하고 있을 때 아빠가 집에 도착했다. 결국 거짓말은 오래가지 못했고 아빠는 전례 없이 화를 내며 당신 기준에서 나름 강력한 체벌인 손 들고 무릎 꿇기를 시켰다. 엄마의 강도 높은 훈육을 겪을 대로 겪은 내 입장에서는 그렇게 힘든 일도 아니었지만 아빠가 나에게 화를 낸다는 사실에 감정적 충격을 받았다. 근데 왜 훗날 아빠는 아빠 지갑에 다시 손을 댄 나를 발견했을 때 화를 내지 않았을까. 왜 나는 그 일을 비밀 아닌 치욕으로 간직하고 있다가 지금에서야 이유를 궁금해할까.

아빠에게 나는 어떤 자식이었는지, 어떤 자식인지, 어떤 자식이었으면 하는지 아무것도 모르지만 나를 어떤 식으로 염려하는지 어렴풋이 느껴지는 순간들이 있다. 회사에 다닐 때 야근하고 집 근처로 걸어오는데, 그 시간에 나와 있을 일이 없던 아빠가 아파트 1층 현관에 서 있었다. 왜 나와 있느냐 물으니 내 마중을 나와 있다고 해서 그냥 웃고 넘어갔다. 나중에 엄마에게 물어보니 네가 회사 일 때문에 힘들다는 이야기를 듣고 걱정되어 나간 것 같다고 했다. 그 이야기를 듣고 너무 충격받아서(우리 아빠가 마중을? 우리 아빠가 마중을? 우리 '아빠'가 '마중'을?) 일기에도 쓰고 매년 행복한 일을 적어 모아두는 상자에도 넣어두었다. '아빠가 내 마중을 나왔다'고. 생각해보면 어버이날 되레 나에게 잘 커줘서 고맙다고 먼저 이야기한 사람도 아빠고, 지금처럼 회사를 관두고 꿈과 현실 사이에서 고뇌할 때마다 그 시간을 이해하고 엄마에게 나를 다그치지 말라며 다독거린 사람도 아빠였다. 오죽하면 내가 엄마에게 '내 마음을 가장 많이 이야기하는 사람은 엄만데, 정작 나를 진정으로 이해하는 사람은 아빠다'라고 말할 정도니.

티브이에 나오는 다정한 자식과 아빠의 모습을 보면 지금이라도 얼굴에 철판을 깔고 살갑게 말이라도 한번 더 걸고 걸어갈 때 모르는 척 슬쩍 팔짱이라도 껴야 하나 고민된다. 생각만 해도 얼굴이 벌겋게 달아오르고 등에서 식은땀이 삐죽삐죽 솟아오르는걸. 이럴 때 보면 영락없는 아빠 딸이다. 어쩌면 아빠도 말은 안 해도 먼저 다가와주기를 바랄지도. 아빠와 이런 **부분**을 이야기해본 적이 없어 모른다. 대체 내가 아빠에 대해 아는 것은 얼마나 될까. 나도 아빠 딸이 처음이라 이리 어색한 부분이 많다 변명하고 싶지만 그마저도 궁색하다. 오늘 퇴근하고 들어오는 아빠에게 인사와 더불어 다른 말 한마디라도 더 건네볼까. 아니면 그저 적당히 이해하고 깊은 속은 미지로 덮은 선 위에서 계속 살아갈까.

【 에 필 로 그 】

♡ 울 아빠 ♡

아빠, 오늘 저녁에 냉면 드실래요, 아님 김치찌개?

♡ 울 아빠 ♡

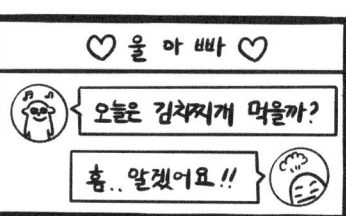

오늘은 김치찌개 먹을까?

흠.. 알겠어요!!

♡울엄마♡, ♡울언니♡

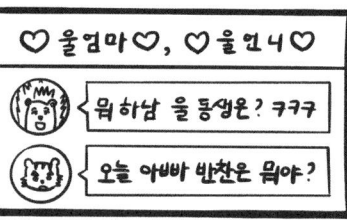

뭐 하남 을 동생은? ㅋㅋㅋ

오늘 아빠 반찬은 뭐야?

♡울엄마♡, ♡울언니♡

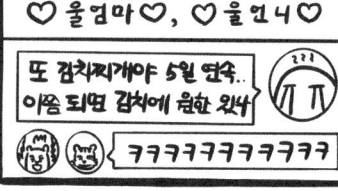

또 김치찌개야 5일 연속.. 이쯤 되면 김치에 원한 있나

ㅋㅋㅋㅋㅋㅋㅋㅋㅋㅋ

결혼하라는 거야, 말라는 거야

 누가 묻지 않아도 '비혼무새'를 자청하던 나의 기세가 조금씩 누그러드는 듯 보이자 누구보다 반기는 사람은 아무래도 가족이다. 부모님은 그긴 결혼에 필요한 세 가지, 즉 애인, 결혼 자금, 사랑 혹은 사람에 대한 열린 마음 중 무엇도 갖지 않고, 가지려 노력조차 하지 않았던 나를 다그치거나 망신 준 적 없었다. 다만 부모님 모두 세상을 떠났을 때 혼자 남겨질 내가 안쓰럽다며 '결혼은 하지 않아도 연애는 할 수 있지 않냐'는 말을 했을 뿐이다. 가끔 지인 자녀의 결혼식에 다녀와 한껏 예민해진 엄마와 언쟁할 때면 다음과 같은 입장으로 팽팽하게 양립했다.

> **나** : 난 혼자 있는 시간이 굉장히 중요한 사람이야. 내가 아무리 좋아하는 친구들이라도 만나고 오면 최소 2시간은 혼자 생각 정리도 하고 쉴 시간이 필요하다고! 근데 결혼하면 그게 불가능하잖아. 배우자와 애들 때문에 내 시간이 없어지면 너무 힘들어. 그리고 '결혼해야 한다' 혹은 '결혼해야 어른이다' 등의 생각을 주입받은 건 전 세대의 일이고, 우리 세대부터는 무조건 결혼을 강요할 생각 말고 변화하는 흐름에 맞춰 모든 게 바뀌어야 한다고 생각해. 정부의 정책이나 연금 구조도 마찬가지야. 결혼을 안 하는 애들을 탓하기보단 전통적인 구조를 고집하는 어른들의 게으름이 문제의 시발점이지! 게다가 결혼할 생각이 드는 사람도 없어.

이에 대한 엄마의 반론은 다음과 같다.

엄마 : 개인적으로 혼자 있는 시간이 중요하다는 건 이기적인 발상이야. 사람은 혼자 살 수 없는 존재야. 누군가와 함께 살며 기쁨과 슬픔을 나누는 게 얼마나 가치 있는 일인데. 세상이 변화하고 있단 사실엔 엄마도 동의하지만 그 시대의 흐름을 재깍재깍 반영하기란 현실적으로 쉽지 않아. 해체된 가족 형태를 네가 생각하는 속도만큼 바로 정책이나 연금 개혁에 반영하는 건 쉬운 일이 아니라고! 그리고 네가 결혼할 생각이 들 만큼 사람을 만나보긴 했어?(여기서 뼈 맞음) 아니잖아!

이중 첫번째 반론에 나는 핏대를 세우며 논박하는 편인데, 아니 대체 개인주의적인 것이 무엇이 이기적인 것이냐는 말이다. 내 사상이나 가치관을 타인에게 강요하고 뜻대로만 하겠다면 이기적인 거겠지만 '혼자가 더 편안하고 행복하다'는 성향 자체가 문제라면 요즘 사람들 다 이기적이게? 단적인 예로 누군가와 함께 여행 갔을 때를 떠올려보자. 같이 간 친구의 취향과 관심사가 나와 꼭 일치할 수 없다. 그렇다고 함께 왔으니까 우격다짐으로 꼭 같이 이걸 보자, 저길 가자 하는 것이 옳은 일일까? 오히려 각자 즐길 시간을 갖는 편이 과정으로 보나 결과로 보나 서로에게 더 좋은 일이 아닐까? 인생의 행로도 동일할 텐데. 이처럼 이기적인 것과 개인적인 것은 결코 같지 않다.

또한 '끝까지 책임질 수 있다는 확신이 들지 않는다면 애초에 욕심내지 않는 편이 낫다'는 마음으로 자식도, 반려자도, 반려동물도 함께할 생각을 함부로 하지 않는 나에게 엄마가 말하는 '이기심'은 너무 일방적인 표현이라 느껴진다. 함께해야 한다는 생각에 같이 고통받느니 각자의 세계에서 충분히 행복하자고 한 건데. 흥.

이처럼 비혼 생각이 굳건했던 이유는 현실 남자에 대한 부정적 경험도 한몫했지만 그 사람과 꾸려갈 미래를 책임져야 한다는 부담이 크게 다가왔기 때문이다. 또 '인생은 혼자 살다 혼자 가는 것'임을 굳게 믿는 나에게 결혼은 득보다 실이 더 많은, 가벼운 산수로 계산될 정도의 의미였다. 하지만 배우자와 놀러 다니며 시시콜콜한 장난부터 깊은 이야기까지 나누는 지인들의 모습을 보며, 조카들과 놀아주며 결혼 전까지 내가 한 번도 본 적 없는 면모를 보이는 언니를 보며 우뚝 선 석상 같던 결심도 조금씩 물렁해졌다. 마음을 열어두면 그 책임감마저 기꺼이 받아들일, 아니 책임지고 싶어 안달 날 그런 사람이 생기려나? 하는 호기심이 움텄다.

하나 현실은 결코 만만치 않은 법. 일단 연애를 하지 않는 기간 동안 쌓인 빅데이터에는 '이건 안 돼'로 꼽는 항목들이 대거 추가되었다. 이성을 바라보는 관점도 많이 바꾸어놓았다. 예전에는 잘생긴 사람이면 오케이였지만 이제는 잘생긴데다 인성도 좋고 사랑받으며 자랐으면 좋겠고 블라블라. 다들 이 정노 바라잖아. 기본적인 걸 요구하는 게 욕심은 아니잖아. 최근 결혼한 지인은 '절대 포기 못 하는 세 가지'만 충족되면 일단 누구든 만나봐야 한다 했지만 절대 포기 못 하는 것을 구체적으로 꼽아보니 한 마흔 가지 정도 되었다. 주변에서는 '잘생긴 남자는 차치하고 좋은 사람 자체가 없다'는 이야기를 하는데 여러 연애 콘텐츠에 나온 괴이한 사연들을 보며 내 요구 조건은 줄줄이 늘어나기만 했다.

  여기에 황당함을 보태는 것은 바로 가족들이 꼽은 내 신랑감이다. 미리 말해두면 이 글에 언급된 연예인들 및 그분들의 부모님에게는 가족이 나를 사랑한 나머지 객관성을 다소 잃었다는 말씀을 드리며 양해를 바란다. 대체로 부모들은 당신들 자식이 가장 예쁘고 잘났다고 생각하지 않는가. 당신들이 누구보다 열심히 살았다는 거 저도 압니다. 이런 장광설로 서두를 꺼내는 이유는 엄마가 꼽은 나의 신랑감이 바로 박보검과 서강준이기 때문이다. 엄마는 티브이를 보다 이 둘 중 한 명이 나오면 "보검아, 우리 ○○이 좀 데려가렴" 혹은 "강준아, 우리 ○○이 좀 만나주렴" 한다. 무슨 심청이도 아니고 방에 가만있는 딸을 언제라도 데려갈 수 있는 포대 자루로 생각하는지. 내 의지는! 내 의향은! 박보검과 서강준이라면 한 번쯤 감당해보고 싶겠지! 그렇지만 꼭 그렇게 말해야 해! 죽을 때까지 사적으로 만날 가능성은 0에 가깝겠지만 혹시 이 글을 본다면 연락 줘요, 보검씨. 직접 사과드리고 싶어요. 제 번호는 010······.

비단 엄마뿐이 아니다. 언니랑 수다를 떨다 들었는데 형부가 '처제는 옥택연이랑 결혼할 것 같다'는 이야기를 했단다. 자초지종을 물어보니 저번에 둘이 티브이를 보다 광고에 옥택연이 나왔는데, 처제는 저렇게 말끔하게 생긴 남자와 결혼할 것 같다고 했다는 것이다. 소름 돋는 사실은 옥택연이 데뷔한 이래 내 외적 이상형은 꾸준히 그였다. 현실과 관계없이 제발 그랬으면 좋겠다. 염불을 외며 세 살 먹은 조카에게 "이모, 옥택연이랑 결혼할 것 같아?" 했더니 직전까지 종알종알 말 많던 조카가 입을 꾹 다물어버린 것이 함정이기는 하다. 택연 오빠, 역시 직접 사과드리고 싶네요. 연락주세요, 제 번호는 010······.

그나마 언니와 아빠는 현실적인 편이다. 왜 그런가 하면 일단 언니는 잘생긴 사람을 좋아하지 않는다(오해 방지 차 말하면 형부가 못생겼다는 뜻이 아니다). 언니는 간간이 네가 잘생긴 사람을 만나면 본인이 부담스럽다는 이야기를 했는데(대체 왜?) 그런 생각을 하는 자체가 부담스럽다. 잘생긴 사람 안 만나면 안 될 것 같잖아. 아빠는 신랑감 자체에 대한 생각이 크게 없는 듯하다. 나의 취향을 의아해할 뿐. 아주 어렸을 때 첫 덕질로 유명 아이돌의 비주얼 멤버를 좋아한 적 있는데 내가 그를 보고 열광하자 "쟤를 좋아한다고?" 하며 어리둥절해하던 아빠의 표정이 아직도 눈에 선하다. 이후 수없이 이어진 내 최애 리스트 중 아빠가 납득한 사람은 한 명도 없다. 흥. 언니와 아빠는 외모보다는 '저렇게 까탈스럽게 구는데 어련히 괜찮은 사람 만나지 않을까' 하는 생각인 듯하다.

앞에서 언급한 유명인들은 언감생심 바라지 않지만 내가 누구를 만나게 될까, 아니 만나기는 할까에 대한 궁금증이 든다. 내가 요즘 좋다고 하는 사람은 나보다 열두 살이나 어린(미성년자 아님), 아름답고 따뜻한 성정을 지닌 아이돌인데. 결국 혼자 살겠다는 말을 돌려 하는 것도 아니고. 꿈이라도 크게 꾸면 어떤가요. 어차피 답은 정해진걸.

나도 '내 거실'을 갖고 싶어

 최근 들어 별다른 일이 없는데도 자취 욕구가 샘솟고 있다. 가족들과 사이가 멀어지지도 않았고 집에 무슨 일이 생긴 것도 아닌데 자기 전에 침대에 누워 계속 생각한다. 자취한다면 침대는 이렇게 놔야지, 옷은 더 정리해서 옷장은 최대한 작게 만들 거고 책장은 수집 중인 세계고전문학 시리즈를 다 넣고도 남을 정도로 크게 만들 거야 하는 생각들(물욕은 없어져도 책 수집 욕구는 사라지지 않았다). 주변에서 자취하면 좋다고 귀에 못박히도록 이야기해도 눈 하나 깜짝하지 않던 내가 이런 생각을 자발적으로 하다니, 드디어 떠날 때가 왔나?

 사실 아무 일이 없었던 것은 아니다. 오래된 지인이 결혼하며 독립했는데 가구를 마련할 때 친구가 이런 충고를 했단다. 바로 '소파를 사는 데 공을 들여라.' 거실에서 보낼 일과시간이 이전보다 훨씬 많아지기 때문에 소파가 정말 중요하다는 이유였다. 이야기를 전해 들은 내 반응처럼 지인도 처음에는 '소파가 그렇게 중요한가?' 했지만 나와 살아보니 깨닫게 되었단다. 부모님 집에 있을 때는 방에 처박혀 있기 일쑤였는데 '내 집 거실'이라는 공간이 생기니까 배우자와 이야기도 하고, 그냥 누워 있기도 하고, 온갖 일을 다 거실에서 하게 되었다고. 이 언니도 나처럼 부모님과 사이가 안 좋거나 불편한 사이가 아닌데도 "확실히 엄마, 아빠 집이랑 내 집은 천지 차이야!" 하는 말을 우렁차게 했다. 이것이 시발점이었을까.

 무의식처럼 보냈던 날들을 돌이켜보면 나도 아빠, 엄마가 외출하면 그제야 거실로 나와 내가 하고 싶은 것을 마음껏 즐기곤 했다. 티브이도 보고, 넷플릭스도 보고, 책을 읽으며 과자도 아작아작 먹다가 엄마가 올

나도 '내 거실'을 갖고 싶어

때쯤 바닥을 청소하고 리모컨을 정리하고 다시 방으로 들어가기를 반복했다. 서로 마주치면 안 되는 사연이 있나 싶겠지만 모르겠다. 셋이 같이 있으면 내가 편하게 행동할 수 없나? 그렇다기에는 (엄마가 있다는 전제하에) 둘 앞에서 코도 파고 헛소리도 잘하고 원맨쇼도 하는데. 하여튼 정말 불편하고 대하기 어렵다면 이런 행동을 못 하지 않을까. 그렇다면 왜 나는, 우리는 거실로 쉬이 나가지 못하는가.

원인을 찾는 일을 미뤄둔 차에 더욱 희한한 사실을 발견했다. 내가 침대에 누워 몽상했던 꿈속의 '내 집'에서는 거실이 가장 큰 부분을 차지한다는 거였다. 방과 화장실이 두 개씩 있고 거실, 부엌, 널찍한 마당에 테라스가 딸린 집을 꿈꾸었다. 어차피 침실은 잠만 자는 공간이니 아늑했으면 좋겠고 서재 겸 음향실로 사용할 방은 집중력을 위해서라도 넓을 필요가 없었다. 그래도 거실은 컸으면 했다. 그래야 편히 앉아 쉴 1인용 소파도 놓고, 티브이도 놓고, 최애 책들이 가득한 큰 책장도 놓지. 아침과 저녁의 무드를 확확 바꾸어줄 턴테이블과 수집한 LP들을 놓을 공간도 있어야 한다.

휴식과 여가를 책임지는 소품들은 모두 거실에 배치할 모양새다. 지난번 지인들과 함께한 모임에서는 '드림 하우스를 짓는다면 어떻게 짓고 싶은가'가 대화 주제로 등장했다. 나를 포함한 캥거루족들이 말한 가상의 평면도에서도 거실은 가장 넓은 면적을 차지했다. 집으로 들어가자마자 보이는 탁 트인 거실과 큰 창을 경계로 이어진 자연의 공백. 커다랗고 묵직한 목조 테이블에 올려진 군더더기 없는 소품들과 쓰다 만 기록처럼 조금씩 덧붙여진 일상의 흔적.

 이렇게 보니 거실이야말로 내 모든 것을 드러내고 편안함을 향유하는 공간이었구나 싶다. 어렸을 때 그중에서도 엄선한 비밀을 고백해두었던 열쇠 일기장처럼 가장 개인적인 공간은 가장 밀폐된 공간과 동일시되는 줄 알았는데 오히려 가장 공개된 거실에 그 역할을 바라고 있다는 사실을 알았다. 어쩌면 현재 거실도 이와 동일한 의미로 받아들였기에 누군가 있을 때 마음껏 이용하지 못했던 것은 아닐까? 있는 이야기, 없는 이야기를 다 공유했다 한들 온전한 나, 완전히 풀어진 나는 나만 알기 때문에, 또 나만 알기를 원하기 때문에 말이다.

  과거 한 연예인이 SNS에 '내 방 거실'이라는 단어를 사용해 대중들 사이에서 '방에 어떻게 거실이 있냐'며 설왕설래했는데 비싸기로 유명한 집에는 층마다 거실이 있다고 했다. 당시에는 집이 그 정도로 넓을 수 있구나 하며 부러워했는데 이제는 왜 층마다 거실이 따로 존재하는지 좀 알 듯하다. 내가 깨닫기 훨씬 전부터 거실의 가치를 알았던 사람들이 있었기에 그렇게 신경 썼는지 모르지. 갑자기 부러움이 배가되는군. 내 방 거실이 됐든 내 집 거실이 됐든 뭐 하나라도 걸려라 싶은 심정이다. 현실의 나야, 힘내자. 열심히 살자.

미니멀리스트 가족일까?

 아빠, 엄마, 나. 식구는 단출하지만 매일 먹고 마시고 쓰고 버리는 인간이다보니 생활 쓰레기가 나올 수밖에 없다. 다만 그 양을 이야기하면 다들 놀랄지도. 일주일에 한 번씩 재활용 쓰레기와 일반 쓰레기를 합쳐 버리는 양이 보통 치킨 봉투 하나 분량이다. 상자 하나가 아니고 봉투 하나 분량.

 어떤 사람은 '많다'고 생각하겠지만 재활용 수거일마다 다른 집에서 들고나오는 쓰레기 분량을 슬쩍 관찰하다보면 우리집은 상당히 적은 편인 듯하다. 매번 이 정도를 버리는 것은 아니다. 주로 소비가 이루어지는 부분은 식료품으로, 한 달에 한 번 크게 장을 본 후 정리해둔 식재료로 한 달을 산다. 최대한 포장재가 적은 물건을 골라 사도 식료품 쇼핑을 하는 당일은 채소가 담겼던 플라스틱, 과일을 감쌌던 스티로폼 포장지 등이 쏟아진다. 이때가 아니면 대체로 봉투 하나 분량의 쓰레기가 나오는 편이며 나는 이 사실에 약간의 자부심과 일말의 책임감을 느낀다. 어떻게 그게 가능한가를 물으신다면 대답하는 게 인지상정. 자, 비기를 풀어볼까.

첫째, 뭘 안 사요. 아, 그냥 안 사요.

앞서 이야기했듯 우리집 소비 품목의 90퍼센트 이상은 식료품이 차지한다. 식탐이 강한 사람들이냐 물을 수도 있겠지만 그도 아닌 것이 매일 먹는 반찬은 거기서 거기이기 때문이다. 멸치아몬드볶음, 진미채볶음, 조미김, 콩나물무침, 된장찌개, 김치찌개, 청국장, 월남쌈 등 매번 비슷한 메뉴에 시즌 특식인 구절판, 아귀찜, 우거지뼈해장국 등을 적절히 구성해 한 달, 1년, 거의 평생을 먹어왔다. 식료품이 소비의 90퍼센트 이상을 차지하는 이유는 다른 곳에서 지출이 거의 전무해서다. 옷? 안 삼. 화장품? 트러블이 심하게 나지 않는 이상 주위에서 생일 때 선물한 양이면 충분하다. 운동기구? 안 삼. 인테리어? 해본 적 없음. 아빠, 엄마의 취미와 취향은 일관되게 흘러왔고 그것들이 자리잡는 동안 필요한 도구들은 이미 다 샀다. 나는 풍요와 허세의 정점을 찍었던 20대를 보낸 후 미니멀리즘과 결벽증 사이에서 최대한 소지품을 늘리지 않는 것이 기쁨이자 안정이 되었다. 새로 구매하는 물품이 없다보니 쓰레기가 안 나오는 거야 당연지사.

둘째, 택배요? 안 시켜요. 시킬 일이 없어요.

뭘 사지 않다보니 택배를 시킬 일도 없다. 클릭 한 번에 모든 물품이 집 앞으로 배송되는 시대에 쇼핑으로 택배를 받는 일이 1년에 많아야 다섯 손가락 안에 꼽는다고 하면 믿을까. 횟수가 얼마 되지 않는 쇼핑을 하더라도 눈으로 직접 보고 사는 것을 선호하는 아날로그 타입이기도 하고, 택배 상자에 숨어 이동하는 바퀴벌레도 극혐이다. 그렇다면 새벽 배송은? 시시때때로 넘실대는 식욕을 자극하는, 줄 서야 먹을 수 있다는 맛집의 인기 메뉴를 담은 레토르트 식품들과 새벽에 따 신선하다는 과일 모두 매력적이다. 하지만 굳이? 몇 번 장바구니에 넣었다 뺐다 하면 턱끝까지 출렁이던 식욕도 금세 쑥 꺼진다. 과일이나 채소 같은 무거운 식품은 차가 있으니 실어나르면 되고 두 팔과 두 다리로 장을 볼 수 있는 여건이니 직접 나가면 되겠다 싶다. 최근에는 오프라인 매장보다 온라인에서 훨씬 싼 품목들이 종종 있어 가격 비교를 해본 후 쓰레기가 최대한 덜 나오는 업체에서 주문하지만 여전히 동네를 맴도는 오프라인 쇼핑 위주로 한다.

셋째, 배달 음식? 시킬 때야 시키지만.

먹는 데 쓰는 돈이 많다고 했으니 배달 음식은 어떨까. 시킨다. 주로 주체가 되는 사람은 이 집에서 유일하게 배달 어플을 설치한 나다. 생리 전후로 배달 음식 특유의 감칠맛, 이미 아는 맛이 미친 듯이 당겨 하루에 두 번씩 배달 주문을 할 때도 있다. 그후 다음 주기까지 2, 3주가량은 배달을 안 시키는 패턴. 한 달에 배달 음식을 주문하는 횟수는 많아야 최대 세 번 정도다. 내가 직접 요리를 하는 것이 익숙하고, 배달 음식의 맛에 결코 납득하지 못하는 엄마가 상시 집에 있기에 가능한 일이다. 주문할 때도 취향 따라 주문하다보면 대체로 쓰레기가 적게 나오는 메뉴들 위주로 고르게 된다. 밑반찬 가지 수만큼 용기가 따로 나오는 족발, 보쌈, 회는 거의 먹지 않는다. 상자 하나와 치킨 무 혹은 피클, 음료 캔 정도 나오는 치킨과 피자 또는 종이 포장지만 벗기면 되는 햄버거를 주로 주문한다. 엄마는 주기적으로 탕수육을 찾는데, 집 근처 중화요리 전문점은 그릇을 수거해가는 곳이라 포장된 비닐 정도만 쓰레기로 나온다.

앞의 내용을 보고 혹시 집에 있는 시간이 적은 편이 아닌가 하는 의심을 할 수 있다. 아빠야 회사 근무로 집에 머무르는 시간이 적지만 엄마와 나는 깨어 있는 시간의 80퍼센트 이상을 집에서 보내는 완전한 집순이다. 그러므로 체류시간에 비례해 쓰레기가 많아진다는 가설은 우리집에서는 큰 의미가 없다. 그보다는 우리에게 필요한 것은 이미 있고 설사 없더라도 필요한 것만 소비하며 최대한 쓰레기가 나오지 않는 방향이면 좋겠다 하는 마음으로 살아왔다. 쓰레기를 줄이는 것이 버리는 사람 입장에서도 가볍고 환경보호에 작게나

마 이바지할 수 있다면 더 좋다. 한참 미니멀리즘 라이프스타일이 유행할 때 깔끔함을 지향한다고 무색의 수납함을 사거나 흰색으로 도배하거나 멀쩡한 물품을 죄다 버리는 광경을 본 적이 있다. 하지만 보이지 않는 곳에 물건들을 욱여넣기보다는 내가 먹고 마시고 취한 흔적을 최대한 적게 만드는 일이 이 시대에 필요한, 진정한 미니멀리즘의 형태가 아닐까. 이상 '쓰레기 미니멀리스트'의 실천 방법과 소심한 주장을 마친다.

【 에 필 로 그 】

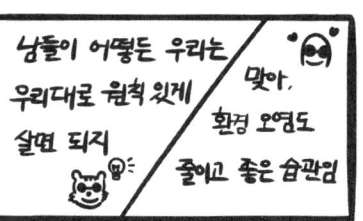

전방 100미터에 캥거루족이 등장했습니다

 누가 그랬던가. 동족은 동족을 알아보기 마련이라고. 내가 백수면 북적이는 길거리 위 사람들 중 유독 사회의 때가 덜 묻어 있고 동공이 맑은 백수만 눈에 띄고, 캥거루족이면 상대의 패턴을 보고 캥거루족임을 알 수 있다. 예외는 있겠지만 해당될 확률이 높다는 거지. 오늘은 캥거루족이 동족을 알아볼 수 있는 일상의 모습을 이야기해보려 한다. 다 내 얘기 아니냐고? 벌써 들켰네.

 먼저 주말이나 공휴일에 중년 혹은 노년의 어른과 마트에 온 비교적 젊은 성인들을 의심해볼 수 있다. 이게 뭐 대수인가 싶은 이들도 있을 테지. 하지만 생각해 보자. 이미 출가외인이 된 사람은 부모와 마트에 올 일이 크게 없다. 혼자 사는 사람들은 소비하는 양이 대개 한정적이기에 대형 마트에서 물품을 구매하기보다는 온라인으로 주문하는 편이 훨씬 더 간편하다. 이미 가정을 꾸린 사람이라면 배우자나 자녀와 함께 나올 확률이 높다. 이 시간대에 '어른'과 마트에서 장을 보는 사람들 대부분이 캥거루족으로 추측되는 이유다. 나 역시 식재료를 구매해야 할 때 반은 자의로(엄마 카드 찬스를 놓칠 수는 없지), 반은 타의로("엄마 혼자 나가면 심심하단 말이야" 하는 하소연) 마트를 가게 되는데 그때마다 나와 같은 처지의 캥거루족을 보게 된다. 간혹 부모 자식 간의 다툼도 볼 수 있다. 지난번에는 대형 마트 육류 코너에서 자신이 고른 고기는 본인이 지불하면 되지 않느냐며 부모와 실랑이하는 아들을 봤는데. 허허, 남 일은 아니다.

귀가시간에 민감한 점도 특징이다. 호적상 같이 사는 동거인일 뿐 사생활에 간섭하지 않는 가족이라면 모르겠지만 대체로 캥거루족들은 귀가시간에 마지노

선이 있는 편으로 보인다. 같이 사는 사람에 대한 일종의 배려겠지. 대학생 때부터 자취하는 이들과 아직 독립하지 못한 이들을 가르는 것은 술자리를 벗어나는 시간대 차이였다. 자취하는 친구들이야 거리낄 것 없으니 다음날 첫차로 들어가든 애매한 새벽 2시에 택시를 타고 가든 상관없겠지만 자취하지 않는 자들은 오랜 시간 학습된 체내 알람 시계에 맞추어 막차를 타고 가곤 했다. 야근할 때도 자취하는 이들은 야근 자체가 힘들고 피곤하지 귀가하는 시간대에 대한 부담은 느끼지 않던데 캥거루족인 사람들은 웬만하면 막차 이전에 모든 일을 해결하려 스퍼트를 내더라. 이거야말로 내 이야기나. 흑흑.

자신의 취향과 부모의 취향이 은근히 뒤섞여 있다는 점도 있다. 자취하는 큰 이유 중 하나가 '온전히 내 취향대로 집을 꾸미고 생활을 꾸리고 싶어서'인 점을 생각해보면 같이 사는 동안 알게 모르게 얼마나 큰 영향을 주고받으며 살았을지 짐작이 간다. 대표적인 예로 노래 취향을 들 수 있다. 한동안 어머님들 사이에서 선풍적 인기를 끌던 〈미스터 트롯〉을 생각해보라. 집에서 허구한 날 이찬원 목소리를 듣고 있으면 내적 친밀감이 급상승하며 어머니들의 오빠가 내 오빠 같고, 어느새 내 알고리즘에 클릭한 적도 없는 아련한 섬네일의 '감성 트로트 모음'이 뜬다. 유치하고 정신 산란했던 뽕짝 리듬에 어느새 그루브를 타는 나를 발견하게 될 것이다. 역시 한국인 DNA에 새겨진 4분의 4박자. 나는 7080 노래 플레이리스트를 직접 만드는 경지까지 도달했다. 올타임 최애 곡이 노고지리의 〈찻잔〉이라면 믿으시겠습니까. 비 오는 날 들으면 심금을 울린다고요.

지극히 경험에 근거하기에 일반화하기에는 무리가 있지만 '혹시 저 사람 캥거루족인가?' 궁금했을 때 답이 되었던 포인트들을 적어보았다. 분명 캥거루족이야! 하는 기준이기보다는 지금까지 만난 캥거루족의 흥미로운 공통점이랄까. 다른 사람들이 생각하는 캥거루족의 이미지나 특징이 있다면 무엇일지 궁금하다. 그 안에 나도 모르는 내 모습이 있으려나.

[에 필 로 그]

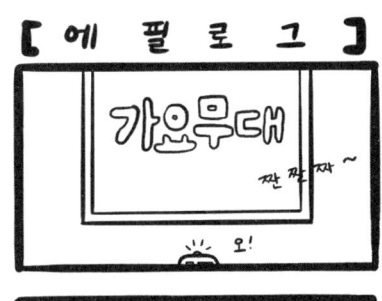

기혼자 첫째와 비혼자 둘째

끼리끼리 어울린다는 말이 여기에도 통용될 수 있을지 몰라도 내 친구들은 나처럼 혼자를 지향하는 비혼자 차녀에, 위로 기혼자이자 학부모인 언니 혹은 오빠가 있는 경우가 많다. 그러다보니 근황 소식에 조카 자랑도 슬쩍 나오고, 언니 혹은 오빠 가족이 본가에 방문했을 때 생기는 에피소드도 나온다. 특히 캥거루족이라면 언니 혹은 오빠 가족의 본가 방문을 위해 대대적인 집 청소 혹은 준비 태세에 동원되는 일은 빠지지 않고 등장하는 대화 소재다. 우리집의 경우 평소에도 쓸고 닦기를 습관처럼 하는 터라 언니가 온다고 해서 유난스레 집을 정리할 필요는 없다. 다만 한창 호기심 많은 첫째 조카의 눈높이에 맞추어 작은 장난감이 쏙 들어가는 스피커 입구는 종이를 붙여 막고, 세 식구가 있을 때는 고대 유물처럼 신성시하던 보일러 혹은 에어컨의 전원을 망설임 없이 켠다. 내 방의 전자기기들과 티브이 리모컨은 아이들의 손이 닿지 않는 책꽂이 위 칸으로 옮기고 화장실에는 아기용 바디워시를, 거실에는 둘째 조카의 낮잠 전용 담요를 꺼내둔다. 여기까지 1차 준비 완료.

진짜 준비는 2차인데, 이른바 '식료품 털어오기' 단계다. 원체 먹는 메뉴만 먹고 양도 많지 않은 우리집은 3인 가족이라 해도 생활비가 많이 나오지 않는데, 언니 가족이 방문한 달은 카드값이 수직으로 상승한다. 음식에 진심인 사람들답게 언니네는 먹고 싶은 메뉴가 정해져 있고 떨어져 살며 하나라도 더 챙겨주지 못해 아쉬운 엄마에게 이런 방문은 좋은 명분이자 뭘 해주어도 띄엄띄엄 반응하는 아빠에 대한 응어리를 풀 기회다. 유일한 사위인 형부를 대접하기에 그럴듯한 반찬부터 조카가 좋아하는 과일과 나물 반찬까지 배의 정성을 들여 식재료를 주문한다. 생일처럼 집안 행사를 기념하기 위해 언니가 올라오는 날이면 나는 컬리 배달원처럼 농수산물센터, 마트에서 산 식재료를 차로 실어다 집에 내리고 손질을 위해 팔을 걷어붙인다. 시리야, 쪽파 까기에 좋은 노동요 플리 틀어줘.

이 모든 과정이 번거롭기는 해도 언니가 아이 둘을 데리고 본가까지 올라오는 일도 예삿일이 아니고 그 핑계로 다 같이 먹고 즐기는 시간이 생기니 기쁘게 받아들일 수 있다. 사진을 볼 때마다 "아역 배우를 해야 했는데, 어떻게 이렇게 귀엽냐" 하고 감탄했던 언니의 아기 시절 얼굴을 고스란히 빼닮은 조카를 보면 힘든 게 뭔데. 내 사랑이 이겨라는 소리가 절로 나온다. 그 입에서 나온 "이모" 한마디면 나도 아직 못 가진 세상을 안겨주고 싶다.

다만 마음에 걸리는 점이 있다면 엄마다. 쌓인 식재료를 앉을 틈 없이 손수 요리하는 사람도, 틈만 나면 뒤를 졸졸 따라다니는 조카들을 온몸으로 안아주는 사람도, 언니의 상태에 일희일비하는 사람도 모두 엄마니까. 언니 가족이 방문한 후 엄마의 컨디션이 악화되거나 없던 잔병치레를 하는 횟수가 늘어날수록 화가 나기도 한다. 애 옷은 입혔으니까 엄마 옷 챙겨라, 눕혀놓아도 잘 노니까 팔 아프게 안지 마라 등 잔소리를 한들 조카들 혹은 언니만 살피는 엄마를 보면 한숨이 절로 나온다. '사랑은 내가 할 수 있는 모든 걸 후회 없도록 해주는 일'이라는 엄마표 사랑의 정의는 알겠지만 엄마 체력도 전과 같지 않다는 사실을 잊지 말라고 좀!

친구들을 만나 이야기하다보면 이런 상황에 격화된 감정을 표출하는 이도 많다. 부모가 조카를 봐주는지 여부, 봐주는 정도, 주기, 기혼 장남 혹은 장녀의 본가 방문 횟수 등 사정이야 가지가지색이겠지만 주로 언니에게 화를 내는 차녀가 많았다(왜일까? 다시 헛웃음이 난다. 하하). 친구들은 '본인이 좋아서 애를 낳았으면서 왜 엄마를 고생시키냐'는 입장이었다. 친구 중 한 명도 맞벌이 부부인 언니네 대신 엄마가 조카를 거의 다 키웠다면서 언니에게 화를 낸 적이 있다고 했다. 차녀 혹은 차남 입장에서는 점차 나이드는 부모에 대한 걱정이 장녀 혹은 장남에 대한 분노로 바뀔 수 있고 첫째 입장에서는 '내가 그렇게까지 봐달라고 부탁한 거 아닌데' 하며 억울해할 수 있는 문제다. 이처럼 기혼자 첫째와 비혼자 둘째 사이의 갈등은 알게 모르게 왕왕 벌어지는 듯했다.

언젠가 엄마와 이에 관해 대화한 적 있다. 엄마는 앞에서 언급한 반응에 '그렇다고 애를 무조건 어린이집에 맡길 순 없지 않냐, 부모가 봐주는 게 서로 안심도 되고 여러모로 좋다. 지인 중 은퇴하고 매일 애 봐주러 신혼집 가는 할아버지도 많고, 할머니들은 죄다 만나면 손주 키우는 얘기만 한다'는 이야기를 했다. 본가는 수도권에, 언니는 지방에 떨어져 살다보니 조카를 봐주고 싶어도 봐줄 수 있는 기회가 상대적으로 적어 그렇게 반응하는지 모른다. 나도 언니가 출산하기 전에는 커뮤니티에 올라오는 이런 사례들을 보며 어쨌든 본인 자식인데 본인이 책임지는 게 맞지 않나? 하고 생각한 적이 있다. 하지만 조카들이 세상에 나오고 육아라는 일이, 아니 꼭 '육아'라는 거창한 일이 아니더라도 아이 둘의 밥을 먹이고, 기저귀를 갈고, 잠을 재우고, 최소한의 소통을 하기 위해서는 에너지 넘치는 성인 세 명은 붙어 있어야 한다는 사실을 깨달았다. 그 세 명이 누가 될지, 그것을 누가, 어떻게 정해야 하는지 모르겠지만. 이런 문제들은 옳고 그름을 판단하거나 어디까지는 되고, 어디까지는 안 돼! 하고 분명히 구분하기가 매우 어렵다. 현대사회의 가족 구조, 육아에 오롯이 전념하지 못하게 만드는 경제 상황, 부모가 갖는 책임의 범위, 여성에게 쏠린 육아 부담까지 사회심리학적 요인들이 복잡하게 얽혀 있다보니 갈등의 원인이 무엇이라 특정하기도 쉽지 않다. 그럼 자식을 낳지 않으면 되지 않냐고? 세상일이 다 그렇게만 해결되면 얼마나 좋겠냐만 갈수록 이런 갈등은 더 빈번해지지 않을끼 어렴풋이 짐자만 할 뿐이다.

이 글을 읽고 공감하거나 전혀 아닌데? 하고 생각하는 이도 많겠지. 여러분의 이야기도 한번 들어보고 싶다. 이런 갈등은 어떻게 해결하는 것이 현명할지, 지금껏 대놓고 이야기하지 못한 숨겨진 마음과 생각은 어떤 게 있는지. 기혼자는 기혼자끼리 살고 비혼자는 비혼자끼리 살자는 식의 단순 편 가르기 말고 보다 현명한 해결 방법을 찾습니다. 연락주십시오.

【 에 필 로 그 】

외할머니의 딸, 엄마의 딸

외할머니에게 엄마는 맏이이자 첫딸이자 무슨 일이 없어도 연락하는 자식이다. 딸은 곧 살림 밑천으로 여겼던 기이한 시대에 엄마는 눈치껏 집안일을 돕고 동생들을 업어 키워야 했지만 외할머니에게 대우만큼은 살뜰히 받았다. 한 예로 외할머니는 엄마가 설거지나 청소를 하려 들면 "시집가면 다 하게 되는데 적어도 그 전엔 하지 마라"라고 하며 몸소 그 일을 다 했단다. 집안일을 하러 시집가는 것도 아니고 현시대를 살아가는 나에게는 그 말조차 불편하게 들리지만 딸의 희생이 당연하게 여겨졌던 시대상을 생각하면 외할머니도 나름 진보했다고 볼 수 있으려나. 결혼하지 않겠다던 엄마를 억지로 선보게 해 결혼시킨 것을 보면 다시 뒷걸음치게 되지만.

외할머니의 이런 방침은 언니와 나에게도 고스란히 영향을 미쳤다. 엄마는 내가 결혼 생각이 전혀 없다 선언한 후에도 무언가 하려 하면 "나중에 너 사랑하는 사람에게나 해줘"라고 하며 팔을 걷어붙였다. 내가 사랑하는 사람은 우리 가족뿐이고 앞으로도 그럴 확률이 높을 텐데? 싶었지만 순순히 물러나야 할 기세였다. 언니 역시 같은 교육을 받고 자라 결혼 전까지 살림을 도맡는 일은 없었다. 그저 각자 자기가 쓴 공간을 깨끗이 유지하기. 우리에게 할당된 미션은 그뿐이었다.

나야 해가 바뀌어도 부모님과 계속 같이 살기 때문에 해당되지 않는다 해도 결혼과 출산을 모두 결심한 언니에게는 엄마와 비슷한 미래가 펼쳐져 있었다. 결혼 전에는 "내 손으로 살림하는 일 없다"라고 했던 언니였고 동생인 내가 보아도 살림과 거리가 멀어 보였던 언니는 집안일에 열과 성을 다했다. 엄마에게 수시로 전화해 반찬 레시피를 묻고 아이 키우는 방법을 상의하는 언니의 모습은 대단히 생소하고 놀랍기까지 했다. 뽀송뽀송 마른빨래들이 옷장에 도열되어 있고 아기를 위해 소음 방지 매트를 줄지어 깔아놓은 언니네 집도 마찬가지였다. 엄마의 염원대로 언니는 자신이 사랑하는 가족을 위해 이전에 비축한 에너지를 열과 성을 다해 알차게 쓰고 있다.

웃긴 일은 첫 조카가 자라며 생겼다. 외할머니는 아기를 엄청 좋아하는데 코로나19와 이런저런 사정 때문에 조카가 두 살이 될 때까지 얼굴 한 번 실제로 보지 못하고 엄마가 간간이 전하는 사진으로만 아쉬움을 달래야 했다. 그럼에도 불구하고 통화할 때마다 "우리 똘똘이(외할머니가 부르는 조카의 애칭)는 어떻게 지내냐" 하고 근황을 물었다. 많이 아쉬워할 때면 할머니댁에 간 엄마가 언니와 영상 통화를 하고 할머니 핸드폰에 조카 사진을 옮겨 바탕화면으로 설정해두고 왔다. 그럼 외할머니는 매일 아침마다 증손주의 얼굴을 보며 "오늘도 잘 일어났다" 하며 인사를 건네는 일이 루틴이었다. 그 와중에도 외할머니는 딸인 엄마가 먼저 걱정되었나보다. "할미, 할미" 하며 엄마와 절대 떨어지려 하지 않는다는 조카의 애정 표현이 못내 두려웠는지 엄마가 언니네 집에 있다 오는 날이면 항상 그 끝에 전화를 걸어 딸의 안부를 물었다. 설사 힘들어도 언니 앞에서는 차마 티낼 수 없었던 엄마는 외할머니와의 통화에서나 슬며시 본심을 털어놓았다. 손주와 딸 앞에선 이렇게 해야지, 저렇게 해야지 호령하던 엄마가 외할머니에게 늘어놓는 투정이라니. 정말 웃기고 귀엽다.

언니는 어떻게 느낄지 모르겠다. 언니도 자식 낳은 입장이 되었으니 우리를 이만큼 키운 엄마가 엄청나게 크고 대단한 사람이라 느낄 수 있겠지. 나도 엄마가 나를 낳았던 나이를 넘어서니 '엄마는 어떻게 지금의 나보다 더 어린 나이에 언니와 나를 낳아 키웠지?' 싶은 순간이 많다. 하지만 근래 내가 본 엄마는 외할머니가 혹시 무슨 일이 있지 않을까, 고생하지 않을까 걱정하고 염려하는 딸의 모습이다. 엄마가 어른스러운 사람이고 나에게 수많은 인생의 지혜와 가르침을 준 것과 별개로 그 사실은 변하지 않았다.

엄마와 외할머니의 관계를 옆에서 지켜보면 엄마와 나의 관계를 지독히 닮은 구석이 많아 가끔은 무섭기도 하다. 엄마들이 화났을 때 으레 쏘아붙이는 말, "너도 커서 너 닮은 딸 낳아봐!"라는 말을 자주 듣고 자랐는데. 글쎄, 엄마도 그 말을 자주 들었던 것일까. 분명한 것은 혹여 나에게 딸이 생긴다면 나 역시 "네 손에 물 묻힐 생각 하지 마"라고 이야기할 가능성이 크다는 사실이다. 솔직히 시집 안 보내면 더, 확실히, 매우 좋을 듯. 그리고 사주 선생님들의 한결같은 말씀대로 나보다 더 똑똑한 딸을 낳는다면 본인에게 좋은 선택을 가늠해 제 앞길은 알아서 잘 헤쳐나가겠지. 낳지도 않을 자식 걱정은 왜 한담. 지금 나나 잘 살자.

캥거루족으로 살아남은 꿀팁 공개한다

캥거루족이 명절에 만난 친척들의 잔소리에 대처하는 방법을 쓰던 중 불쑥 이런 생각이 들었다. 친척이야 1년에 한두 번 볼까 말까 한 것이 요즘 세태인데 캥거루족으로 살며 매일 마주하는 부모는? 셰어하우스같이 남남처럼 사는 가족도 있지만 부모 위신하에 살아가는 사람이라면 어느 정도는 신경쓰며 살지 않을까? 이번에는 일상 속 캥거루족의 생존 방식을 이야기해보려 한다.

첫째, 엄마표 잔소리를 방어하는 법.

어느 집이나 엄마들의 잔소리는 사실상 거기서 거기

다. 방금 집어먹은 반찬을 앞으로 밀어주며 "이건 왜 안 먹어" 하고, 방바닥을 쓸고 나면 "이렇게 머리카락이 많이 빠지는데 머리가 남아나?"라고 물으며, 집중하다 쉴 타이밍에 핸드폰을 들면 꼭 그때 들어와서 "핸드폰 좀 그만 봐!" 하고 꾸짖는다. 실제로 이런 내용의 릴스를 전 세계 언어로 몇십 개는 보았다. 수십 년간 이런 잔소리에 통달한 나 역시 어느 정도는 방어하고, 어느 정도는 역공을 시도한다.

예를 들어 반찬에 관한 잔소리는 내가 아무리 엄마 앞에서 여봐란듯이 백번을 집어먹어도 어김없이 나온다. 솔직히 이 정도면 무엇을 먹는지 딱히 관심 없는 것이다. 이럴 때는 포기하거나 먹을 때마다 반찬에 대한 평가를 한두 마디 남기면 된다. 여기에 "나물이 아주 아삭아삭하게 잘 데쳐졌다", "오늘따라 찌개 간이 어쩜 이렇게 딱 맞지" 등의 구체적이고 긍정적인 반응을 보여주면 금상첨화.

직접 해보면 안다. 과정은 수고롭지만 결과는 허망할 만큼 간단한 요리의 번거로움을 먼저 알아주는 말 한마디가 얼마나 기쁜 일인지.

머리카락 역시 비슷하지만 본인이 머문 자리를 먼저 청소하는 것이 최고다. 만일 당장 처리할 일이 너무 밀렸거나 상황에 따라 불가하다면 최소한 머리를 틀어올리거나 묶는 성의라도 보이자. 머리카락의 길이가 짧을 땐? 그냥 청소를 습관화하자. 머리를 다 밀거나 집에 있는 내내 모자를 쓸 순 없잖아요.

마지막으로 핸드폰 이슈는 좋은 역공 소재다. 부모님들도 웬만한 애들 못지않게 핸드폰을 많이 보는 시대에 엄마가 핸드폰을 볼 때마다 옆에서 "눈 나빠진다, 새로 사온 루테인 효과도 없게!", "또 핸드폰 봐? 뭐가 그렇게 재밌어?" 하고 잔소리하며 귀찮게 굴면 엄마도 별말이 없어진다. 하하.

둘째, 모든 것은 '부모 전용 가격제'로 책정한다.

이미 독립한 이들도 자라며 흔히 겪었을 상황일 테지만 비싼 물품이나 부모 기준에서 '보기에 쓸모없는' 물품은 구매와 함께 등짝 스매싱 혹은 의심의 눈초리가 가격표처럼 달려 온다. 내 돈으로 사는데 왜 눈치를 봐야 하나 싶지만 부모 입장에서는 그것이 아닌지라. 나는 '살 거면 사고 싶은 거, 제대로 된 거 사서 오래

써야지'를 어렸을 때부터 신조로 삼고 있었고 가격대가 높든 낮든 엄마, 아빠가 먼저 "그만 개 좀 놔줘라" 할 정도로 오래 사용하는 모습을 여러 번 보였기 때문에 물건 소비에 대한 잔소리는 듣지 않는다. 물욕 없는 내가 가끔 덕질용 굿즈를 구매했을 때는 다른 팬들에게 무료 나눔 받았다 주장한다. 덕분에 내가 좋아하는 아이돌의 팬덤은 인심이 후한 사람들만 있는 줄 안다. 하하. 긍정적 이미지 형성에 일조했군.

다만 먹을거리는 이야기가 좀 달라진다. 엄마는 이틀에 한 번꼴로 마트에 가서 물가를 탐색하기 때문에 식재료가격은 속이기 어렵다. 함정이 있다면 식재료 구매를 위해 백화점은 거의 안 간다는 사실. 회사에 다닐 때 간혹 스트레스가 극심해 '어떤 방식으로든 이 고생을 보상해야 한다'는 보상 심리가 생기면 백화점에 갔다. 겁 없이 한우 코너로 성큼성큼 걸어가 고기를 구매하고 나면 포장지 위에 선명히 붙은 가격표는 떼어버리고 엄마에게는 기본 30퍼센트에서 최대 70퍼센트까지 할인된 가격을 이야기했다. 엄마 역시 내가 말한 가격이 원가격이 아님을 알지만 아무리 높게 책정해도 실제 지불한 가격보다 낮으니. 이 정도면 좋은 방어였다.

셋째, 조공은 아니고요. 뇌물 정도?

지인들과 약속 혹은 혼자 나들이삼아 외출하는 날이면 자연스레 밖에서 식사하게 된다. 이때 맛있는 음식을 먹으면 대체로 집에 사들고 들어간다. 밖에서 식사하고 다른 곳에 들렀다 오는 일정이면 엄마의 취향에 맞추어 빵이나 디저트류로 대신하곤 하나 가급적 빈손으로 들어가지 않는다. 부모님 성향 자체가 원체 먹던 메뉴에서 크게 벗어나지 않으려 하고 먼저 나서서 맛있는 음식을 찾으러 다니는 성격이 아님을 알기 때문이다. 이래야 새로운 경험에 대한 심리적 장벽도 낮아지고, 그래야 나도 나중에 더 맛있는 음식을 얻어먹을 수 있고(?).

한 예능 프로그램에서 유재석이 맛있는 음식을 먹은 후 가족을 위해 포장하는 모습을 보고 다들 사랑꾼이라며 칭송하던데 이 정도면 나도 나름 사랑꾼 아닌가. 검은 속내는 모르는 척해주기를. 때로 고생스럽게 사와서 엄마, 아빠 모두 잘 먹었음에도 불구하고 티브이를 보다 동일한 메뉴가 나왔을 때 "저런 게 있어?" 하고 나에게 물어볼 경우 느껴지는 분노는 어쩔 수 없다. 다음번에 사오나봐라.

　다른 사소한 행위들을 꼽자면 눈에 보이는 집안일이 있으면 손 닿는 대로 미리 처리하기. 창문 닫으러 베란다에 나갔는데 바싹 마른빨래가 보이면 갠다. 다용도실에 무엇을 찾으러 갔다 세탁시간이 끝나 있으면 빨래를 널어보자. 그리고 어디 좋은 곳 발견하면 농담으로라도 같이 가겠느냐 한 번쯤 물어보기. 가볍게 건넨 말이라도 부모님들은 자식이 당신에게 무언가를 함께하자고 제안하는 그 자체를 기쁘게 여기더라. 인생 네 컷이나 코인 노래방에 같이 가는 것은 흔하지만 특별하다. 그리고 부모님이 좋아하는 간식거리를 기억해두었다가 한 번씩 사다주기. 어른들도 쫀득쿠키 좋아하고 망고 빙수 좋아하고 분모자 좋아하더라.

　얼핏 생각하기에 '뭐 이렇게까지 살아?' 싶겠지만 부모님이 행복하면 나도 행복해질 확률이 높아지고, 내가 한 번 더 챙기면 부모님도 편할 확률이 높다. 비단 캥거루족뿐 아니라 사랑하는 사람과 같이 거주하는 모든 이에게 해당되는 사항일지도. 사소한 행동으로 나와 마주한 모두가 행복해질 수 있다면 굳이 마다할 이유는 없지. 그럼에도 불구하고 캥거루족에게 꼭 남기고 싶은 말이 있다면? 우리 존재 화이팅.

참고 사는 것과 배려하는 것

사회에서 살아가는 인간은 필연적으로 타인을 견디고 배려하며 살아야 한다. 회사에서 만난 직장 동료, 친구들, 대중교통이나 길거리에서 만난 사람들 중 데스노트 구매를 진지하게 고려하게 만드는 사람이 있더라도 '참을 인'을 새기며 존중하고 배려하는 태도는 사회인이 가져야 할 덕목이라 배운다. 그렇다면 같이 사는 가족은 어떨까?

가족이라면 누구보다 서로를 잘 알 텐데 배려는 무슨 배려냐 할 수 있다. 가족이기에 배려하지 않을 권리가 있다고 여길 수도 있다. 하지만 더 잘 알기 때문에 더 깊이 배려할 수 있지 않을까. 한편, 너무나 익숙한 가족인데도 도저히 이해할 수 없어 참아야 하는 지점도 존재한다. 〈요즘 육아 금쪽같은 내 새끼〉나 〈이혼숙려캠프〉 같은 관찰형 가족 예능에 출연할 계획이 있는 것이 아니라면 잠깐 멈춰보시길.

내 경우 아빠, 엄마 집에 사는 일원이기에 기본적인 원칙은 부모님의 틀에 따른다. 그중에는 분명 참아내야 하는 것과 말하지 않아도 먼저 배려할 수 있는 것이 구분되어 있다. 여기서 두 가지를 가르는 기준은 상대의 라이프스타일이 나에게 피해를 주느냐 여부로 결정된다. 우리는 모두 독립적인 개인으로 내가 부모님의 자식임에도 불구하고 그들이 이해하지 못할 부분이 있듯 내가 대하는 부모님 또한 그런 개인들 중 한 명이다. 그들의 자유와 개성, 가치관과 취향을 존중하지만 그것이 물리적으로든 감정적으로든 나에게 피해를 준다면 참아야 할 일이 생기고 그 강도가 심해지고 빈도가 잦아지면 한 번씩 충돌이 일어난다.

먼저 배려의 영역을 들여다볼까. 배려는 사소한 행동으로 표출된다. 예를 들어 나 혼자 일찍 일어난 휴일이면 집 안을 돌아다니거나 아침을 차릴 때 최대한 조심스럽고 조용히 사부작거리는 일. 늦게 귀가한 날이면 소리를 죽여 빠르게 씻은 후 방에 들어가 잠을 청하는 기민함. 엄마, 아빠가 티브이 프로그램에 집중하고 있을 때 그 옆에서 말을 걸거나 얼쩡대지 않고, 엄마의 심기가 불편하거나 정신이 없을 때 요령껏 가족의 식사를 챙기는 눈치. 겨울철에는 웬만하면 두세 번씩 더 입고 빨래를 돌리는 행위. 장을 볼 때는 부모님이 좋아하는 것 하나라도 꼭 끼워넣는 센스 등.

부모님도 나를 배려하는 부분이 있다. 현관 바로 앞에 위치한 내 방을 고려해 이른 출근시 문을 살며시 닫는 손짓. 다른 집 자식들에 관한 이야기는 힘됨이 되었든 칭찬이 되었든 둘만 앉은 식탁에서 하는 암묵적 협의. 내 방 앞을 지나치다 새어나온 공기가 싸늘하면 몰래 보일러를 올리고 가는 날쌘 움직임. 엄마와 둘이 먹는 끼니는 웬만하면 내 식사시간대를 맞춰주는 이해 등.

문제는 참아내야 하는 영역에서 발생한다. 최근 내가 참아야 했던 세 가지를 꼽아보면 이런 것이다. 새벽까지 요란스레 넷플릭스를 시청하는 소음, 같은 화장실을 쓰면서 볼일을 보고 물 내리는 것을 깜빡하는 무신경함, 가끔 타인의 기분이나 생각은 전혀 고려하지 않고 하는 눈짓과 이야기. 첫번째는 내 덕질만큼 아빠도 하루종일 저 시간을 기다렸을 것이라며 마음 수련 중이다. 하지만 수면 안대와 귀마개를 낀 채 누운 침대에서 몇 시간째 티브이소리를 정면으로 투과하는 벽을 노려보게 될 때면 문을 적당한 세기로 닫아 불만을 표출하거나 시끄럽다고 소리친다. 두번째는 세 번쯤 참다가 오늘 오전에 "제발 부탁하는데!!!"라는 말로 엄마에게 읍소했다. 엄마는 마음이 급해져 까먹는다 했지만 핵폭탄이 터지지 않는 이상 이보다 더 급한 일이 있겠냐고. 세번째는 수없이 대화했다. 엄마가 그렇게 이야기하면 상대방은 이런 관점에서 상처받을 수 있다, 지금 그 단어는 적절하지 않다는 둥 심리학을 공부하며 배운 상담 기법을 바탕으로 공감대를 만들고 구체적으로 대화하는 것이 큰 도움이 되었다.

  아빠, 엄마 역시 나를 대할 때 참아내야 하는 부분이 있다. 어렸을 때부터 저혈압이 영향을 미친것인지, 그냥 성격이 더러운 것인지 기상 직후 기분이 좋았던 적이 별로 없다. 잠에서 완전히 깨기까지 기상 후 3시간 정도는 혼자 있었으면 하는 것이 항상 내 소원이었는데, 현실은 그렇지 못해 괜히 옆에 있던 아빠나 엄마에게 불똥이 튈 때가 더러 있다. 불똥은 대체로 날선 공격보다는 아무 반응도 안 하는 묵언 수행으로 구체화되었다. 결국 어느 날 아빠가 "네가 뭐 때문에 기분이 나쁜지 설명을 안 하면 우리는 모른다"라고 이야기한 후 혼자 뚱하게 있는 습관은 조금 고쳤다.

월경전증후군(PMS)도 바이오리듬 및 감정선에 극심한 영향을 미쳤다. 갑자기 떡볶이를 한 냄비 끓여달라고 닦달하거나 별일 아닌 일에 혼자 울고 싱질내다 초콜릿 케이크를 먹어야 한다고 난리를 피우는 통에 엄마가 굉장히 당황스러워했다. 살면서 PMS를 겪어본 적 없는 엄마 앞에서 극심한 우울과 자괴감에 원맨쇼를 하느니 떠오르는 것을 이야기하는 편이 낫겠다 싶어 대화도 하고 영양제와 운동의 도움도 받았다. 점점 나이들며 부모님과 내 감정의 간극을 좁혀가고 있지만 때로는 아빠와 엄마 역시 괴팍한 자식의 성정을 받아들이기 버거웠겠다는 생각이 든다. 비겁하지만 나의 의지와 상관없는 호르몬의 조종 탓이라 해두자.

각기 다른 사람들과 살아가며 부딪힐 때 우리는 쉽게 상대의 존재를 탓한다. 다름 자체는 자연스럽다. 정말 중요한 것은 그것을 어떻게 받아들이고 조율하며 살아갈지 그 마음가짐과 방법이다. 유난히 몸이 아파 일찍 잠들고 싶었던 날 거실에서 시끄럽게 티브이를 보는 아빠에게 말 한마디를 상냥하게 하지 못하던 때가 있었다. "소리 좀 줄여주세요" 하면 될 일을 당장 집을 뛰쳐나갈 수 없는 나 자신에 대한 분노와 우울로 괜히 이불에 화풀이하며 밤을 보냈다. 같이 살지 않으면 마음이야 편하겠지만 다른 사람을 존중하면서도 원하는 것을 세련되게 요구하는 방법 또한 우리가 살며 반드시 배워야 할 태도라 생각한다. 어차피 혼자 살 수 없는 인생, 끊임없이 다른 사람과의 관계 속에서 살아야 하는 삶이라면 언제라도 제대로 배우는 게 여러모로 좋겠지. 포기하고 그냥 티브이 출연하는 편이 낫겠다고요? 이런.

【 에 필 로 그 】

금쪽이는 아이가 아니라 부모님인데요

 금쪽이. 오은영 박사가 출연하는 〈요즘 육아 금쪽같은 내 새끼〉에서 등장한 표현으로 겉보기에 말을 듣지 않고 사고뭉치인 아이를 가리킨다. 하지만 프로그램을 보다보면 아이는 서투른 육아의 피해자일 때가 많고 정작 부모가 금쪽이인 경우가 더 많다. 특히 요즘처럼 조부모가 아이를 보는 일이 빈번할 때는 조부모와 부모 사이에 있던 과거의 갈등이 예기치 않게 문제의 핵심으로 드러나는 일도 심심치 않게 있다. 그때 오은영 박사는 "금쪽이는 아이가 아니라 부모님이셨네요!"라고 말하는데 부모가 되었지만 아이였을 때 겪었던 상처와 아픔을 극복하지 못한 모습은 공감과 슬픔을 동시에 느끼게 한다.

상황이 이렇게 흐르면 프로그램에서는 자식(금쪽이의 부모)과 부모(금쪽이의 조부모)가 대화하는 모습을 보여준다. 자식들은 엉성하게 봉합했던 과거의 기억을 힘들게 마주하며 부모가 본인에게 했던 방관, 폭압적 체벌 등을 사과하기를 바란다. 하지만 대체로 부모들이 보이는 태도는 합리화에서 벗어나지 않는다. 합리화를 당당하게 하느냐, 눈물을 흘리며 하느냐의 차이일 뿐이다. 당당하게 하는 '정당화형'은 "그렇게 키울 수밖에 없었어! 다른 도리가 있니?" 하며 당시의 상황과 맥락을 근거로 든다. '내가 왜 사과를 해야 하는데?' 하는 태도가 특징이다.

울며 이야기하는 '읍소형'은 "나도 부모로부터 사랑하는 법을 배우지 못해서" 혹은 "나도 그때 그렇게 할 수밖에 없어서 엄청 힘들었어" 하며 자식 입장에서는 궁금하지 않은 상처와 과거를 이야기한다. 이때의 눈물은 자식에게 미안함을 느껴서라기보다 힘든 시간을 겪은 나에 대한 연민과 힘들게 키워놓은 자식으로부터

원망을 듣는 데 대한 속상함의 표현이다. 이를 지켜보는 자식은 답답하기 이를 데 없다. 내가 원하는 것은 '미안하다'는 사과 한마디인데 왜 부모들은 자신의 안쓰러움만 아프고 데었다 말하는 것일까.

사실을 부정하는 경우도 많다. 다른 프로그램에서 한 아이돌이 어렸을 때 어머니에게 체벌당한 이야기를 힘들게 꺼냈다. 그의 어머니는 이를 즉각 부정하며 본인을 이상하게 만든다고 오히려 화를 냈다. 같은 자식의 입장에서 '저 정도면 그냥 말을 안 하는 편이 낫겠다' 싶을 정도였다.

나 또한 이 모든 과정을 겪어보았다. 엄마가 한창 혈기 왕성하던 시절 그 시대에는 일상적으로 일어나는 일이었지만 지금 생각하면 과도한 체벌을 했다. 학습지를 안 했다는 이유로 나를 방에 가둔 채 불을 지르겠다 협박했고 바늘을 들고 입을 꿰매버리겠다는 말을 수시로 했다. 초등학교 4학년 때 부러졌던 다리를 다시 다치자 그럴 리 없다며 부러진 다리로 집 안 거실을 몇 바퀴씩 돌게 만들었다. 언니 역시 어렸을 때 엄마가 휘두른 매에 앞니 두 개가 부러져 썩지 않은 치아를 가짜 치아로 씌워야 했다.

당시에는 공포감이 지배적이었지만 어설프게 덮어둔 과거의 감정들이 특정 상황에서 내 발목을 잡을 때가 있다는 사실을 깨달았다. 많아야 여섯 살 때 언니와 주고받았던 편지를 가끔 꺼내 보면 죄다 "엄마한테 잘못했다고 해"라고 하는 호소투성이인 점도 참을 수 없었다. 불타오르는 사춘기와 성인 도입기를 겪으며 과거의 장면을 무기삼아 엄마와 거의 매일 싸웠다. 엄마 역시 처음에는 부정했고, 다음에는 읍소했으며, 마지막에야 나에게 사과하며 후회했다. 설령 좋은 의도였다 해도 행위를 정당화할 수 없다는 사실, 그때의 자신이 옳지 않았다는 사실을 담담히 이야기하기까지 20년이 걸렸다. 이 시간은 우리 모두에게 쉽지 않았고 그 과정에서 상처받는 일이 더 많을 때도 있었다. 독학으로 심리학사를 취득한 이유 중 하나도 수많은 다툼에도 종식되지 않은 잔불을 좀더 성숙하고 아프지 않게 다스리고 싶었기 때문이다.

겪어본 사람의 입장에서 말하면 만일 부모와 떨어져 살 수 있는 상황이거나 부모가 자신의 과오를 결코 인정할 만한 성격이 아니라는 판단이 들면 차라리 문제를 분리하는 것이 낫다. 여기서 문제를 분리하라는 말은 과거를 없던 일처럼 굴라는 의미가 아니다. 문제의 소지가 어린 시절의 나보다 성인인 부모에게 있음을 인지하고 충분히 이해할 시간을 가진 다음 부모에게 남은 몫을 돌려버리라는 의미다. 만일 부모가 그 몫을 모른 척한다? 부정한다? 합리화한다? 그것은 그들의 일이다. 나는 거기서 벗어나 지금의 내가 더 잘 살 수 있도록 노력하는 데 집중하는 것이 낫다. 깨지지 않을 벽에 덤벼보아야 피를 흘리고 뼈가 부러지는 사람은 나다.

나는 애초에 부모님과 계속 살 작정이었기 때문에 이 문제를 어떻게든 해결해야 한다고 생각했다. 어차피 마음대로 버릴 수도, 잊을 수도 없는 기억이라면 최대한 빨리 마주하고 여생을 지키는 것이 내 삶에 대한 의무 같았다. 다행히 엄마는 잘못을 인정할 여지가 있는 사람이었고 나이들며 누그러진 혈기가 도움이 되었다. 건방지게 들릴지 모르겠지만 이런 시간을 겪고 나니 부모님 역시 성장하는 것이 느껴지더라.

진정한 어른이란 잘못된 행동을 바로잡을 용기가 있는 사람이라 생각하는데 그런 의미에서 온전한 어른이 아닌 사람들도 많다. 하지만 과거가 과거에만 존재하도록 마무리짓는 일은 부모 자신과 자식, 어쩌면 자식의 자식까지 모두에게 필요한 일이다.

누군가는 과거에 얽매여 앞으로 나아가지 못하는 사람들을 나약하다고 이야기한다. 진짜 나약한 자는 자신의 삶을 들여다볼 줄 모르고 자신이 행한 일들이 어떤 결과를 초래했는지조차 보기 두려워하는 이가 아닐까. 내가 타인에게 보이는 특정 행동이나 내 아이에게 과민하게 반응하는 지점을 살펴보면 과거에서 유래된 포인트가 많고 부모와의 관계가 복잡하게 얽힌 경우도 많다. 그 점을 발견했을 때 제대로 풀지 못한다면 과거의 상처는 계속 발목을 잡고 내 삶, 나아가 내 아이의 삶까지 통제하려 들 수 있다.

'나는 내 부모와 절대 같지 않겠다'라는 의지와 노력을 폄하하는 것이 아니다. 화해 없이 부모의 영향력에서 벗어나 더 큰 어른이 된 사람들도 많다. 다만 과거를 떨쳐내려 몸부림치다 아예 다른 사람인 양 나를 꾸미기도 했다가 결국 매듭의 시작점으로 돌아오는 일이 얼마나 고단하고 외로운지 체감해보았다. 어떤 사연을 겪었고 어떤 방법을 찾건 간에 당신을 그저 응원한다. 우리는 금쪽이가 있던 과거에 남겨지지 않을 수 있다. 현재의 어른이 될 수 있다.

【 에 필 로 그 】

으아앙
조카 우는 거 보면 울컥하던 게, 우리 어릴 때 생각나서 그런 거더라

4분 전까지 울다 자세 잡음

언니는 애를 볼때 그런 생각 안해?

흥-

그럴수도 있지, 근데 우리 이제 성인이니까. 그 때랑 다르게.

언니는 언니만의 방식으로 이미 극복했구나.

아빠가 테무에서 비누 거치대를 샀다

 '쓰레기 미니멀리스트'에 관한 글에서도 이야기했지만 우리 가족은 소비 친화적 혹은 소비 지향적인 사람들은 아니다. 그래도 필요 외의 소비를 좀 한다는 사람을 꼽자면 아빠다. 필요하면 물건을 구매하지만 그 '필요'의 기준이 굉장히 높은 나, 장보기 외 쇼핑과는 담을 쌓고 사는 엄마와 달리 아빠는 '궁금해서' 뭔가를 살 때가 있는데 들여다보면 그리 큰 지출은 아니다. 지난번에는 엄마와 내가 쓰는 화장실에 무엇을 두고 이리저리 살피고 있기에 무언가 싶어 봤더니 바로 비누 거치대였다. 젖은 비누를 올려두면 아래로 물이 쪼록

빠지는 그 비누 거치대 말이다.

아빠는 그 비누 거치대를 100원인가 1000원에 샀다고 했다. 최근 식탁에서 중국 커머스 사이트를 자주 거론하는 것으로 보아 아마 거기서 산 물품 중 하나일 터다. 지난번에는 집에 있는 15년 이상 된 핸디형 청소기가 연일 충전해도 방전되고 요란스러운 소리가 무색하게 먼지는 그대로다 투덜거렸더니 오래된 모델이라 배터리 교체가 안 된다며 새 핸디형 청소기를 갖다주었다. 엄마는 다이슨 짝퉁이라며 킥킥거리고 웃었지만 난 웃음도 안 났다. 오래가는 제대로 된 물건이 아닌 한철 쓰고 말 내구성의 제품을 집에 들이는 것이 마뜩잖아서였다.

여기서 잠깐 부모님과 나의 소비관을 이야기하면 20대 중반 이후 나는 내 의지로 물건을 새로 들이는 데 굉장히 신중한 사람이 되었다. 앞서 말한 대로 '필요'의 기준이 매우 높고 그래도 필요하다 생각되면 가장 마음에 들고 질리지 않을 만한 좋은 품질의 제품 '하나만' 산다. 구매한 제품은 수명이 다할 때까지(대체로 수명이 다했더라도) 애정을 갖고 용도에 맞게 충실히 사용한다. 쓰려고 산 물건이니 아끼지는 않지만 험하게 다루지도 않는다. 마음에 드는 물건 외에 다른 것을 사면 종일 불만족스럽고 그런 물건으로 주변을 채우다 애정 없이 소모한 채 버리는 일만큼 시간과 에너지, 자원 낭비가 없다고 생각한다. 사고 싶은 대상의 가격대가 높다면 우선순위에 따라 다른 소비를 포기하거나 돈을 모아 산다. 그런 의미에서 내가 가장 지양하는 소비는 싸게 사서 짧게 쓰고 버리는 식의 한철 소비다. 싸게 사도 끝까지 쓰고 버려야지!

 반면 부모님은 '소비하겠다' 마음먹으면 선택의 허들이 낮은 편이다. 엄마는 대체로 쇼핑과 등을 지고 살지만 중요한 행사, 만남 등 필요에 따라 옷을 사야 하는 경우가 종종 있다. 나는 그럴 때마다 많이 입어보며 어울리는 스타일이 무엇인지 파악도 하고, 질 좋은 옷 위주로 살펴보라 하지만 엄마는 귀찮다며 늘 거기서 거기인 옷들만 사곤 했다. 그후 엄마에게 주기적으로 돌아오는 '구질구질병(증상 : 눈에 보이는 모든 것이 구질구질해 다 없애고 싶은 파괴적인 욕구를 느낌)'을 앓게 될 때면 쇼핑 이후 거의 입지 않은 옷들을 전부 기부하겠다며 내놓았다. 패턴처럼 반복되는 모습에 잔소리를 쏟아부었더니 근 5년 전부터는 아예 쇼핑을 안 하겠다고 백기를 들고 나섰다. 사람이 왜 이리 극단적이야. 한편, 쇼핑에 별반 관심이 없던 아빠는 중국 커머스 열풍으로 실험적인 품목을 구매하는 데 열을 올리기 시작했다. 갑자기 미니 드론을 사오질 않나, 당신은 잘 쓰지도 않는 부엌 싱크대에 수세미 거치대를 설치하질 않나. 구매한 지 몇 주 지난 미니 드론은 어느 구석에 보관되어 있는지 모른다.

내 입장에서는 아빠의 종잡을 수 없는 일부 소비가 웃길 때도 있지만 환경을 감안하면 썩 좋은 소비는 아니다. 중국발 저가 커머스가 국내시장에 들이오며 '싸니까 사는' 소비문화가 더더욱 판을 치는 느낌이다. 중국 커머스 업체들은 기업체가 아닌 개인 도매상이 구매해 판매하기 때문에 동일 제품이라도 국내 기업보다 현격히 낮은 가격대에 판매가 가능하다고 한다. 게다가 국내 커머스 업계와 경쟁하기 위해 배송까지 무료로 제공한다. 이러니 쇼핑을 좋아하는 이들은 물론 아빠처럼 쇼핑에 별 관심 없던 사람들까지 '싸니까 한번 사보자' 하는 마음으로 불필요하게 소비하는 일들이 잦아진다. 내가 지불하는 금액이 저렴하더라도 상품이 생산, 배송되는 과정에서 발생하는 자원 소모와 환경 오염은 그대로 존재하며 구매 빈도와 양이 증가할수록 자원 낭비는 기하급수적으로 늘어난다. 더군다나 실제로 받아본 제품의 품질이 상품 페이지와 차이나 환불하는 경우도 잦은데 이 역시 불필요한 자원 낭비를 가속화한다. 인터넷에서 본 글에서 어느 것이 어울릴지 모르니 동일한 옷의 모든 사이즈와 컬러를 주문해 자신에게 맞는 제품만 수령하고 나머지는 환불했다고 한 일도 있었다. 그 사람은 본인 나름의 쇼핑 꿀팁으로 이야기했을지 모르나 지켜보는 사람 입장에서는 당황스러울 따름이다. 이것이 진짜 테무가 이야기하는 '백만장자처럼 쇼핑'하는 모습인가. 저렴한 가격에 상품을 구매할 소비자의 권리가 의미 없는 소비를 정당화하는 명분이 되는 모양새다.

　아빠의 소비가 언제까지 이어질지는 모르겠으나 아빠가 산 비누 거치대는 영 제 역할을 못 한다. 물에 조금만 닿아도 혼자 넘어지기 일쑤다. 세면대의 물을 완전히 말려 붙여두어도 몇 번 물기에 노출되다보면 거치대도 쭉, 그 위에 보관되어 있던 비누도 쭉 미끄러져 내려온다. 처음에 한두 번이야 적응 차원에서 봐줬다지만 몇 달을 써도 이 모양이니 보다보면 성질이 올라온다. 아빠에게는 미안하지만 그냥 자석으로 달았을 때가 훨씬 더 편했던 것 같기도. 굳이 1000원, 아니 그 이상의 자원을 들여 배송받아 쓰기에는 분명한 낭비였을지도. 핸디형 청소기도 쓰기는 하지만 덜커덕거리는 모양새가 영 오래갈 것처럼 보이지 않는다. 20년 넘은 에어컨도 테무에서 바꾸자는 말이 나오기 전에 제발 아빠의 쇼핑이 여기서 멈췄으면. 새로 맛 들인 소확행이라두 어쩔 수 없어.

'낀 세대' 말고 '전환기 세대'입니다

 어느 시대나 '낀 세대'는 있기 마련이다. 낀 세대는 보통 위아래 세대의 특징이나 성향이 너무 달라 그 사이에서 이러지도 저러지도 못하고 고통받는 세대를 뜻한다. 최근 기사를 보면 "마음만 신세대, 조직 논리 충실한 낀 세대, X세대 생존법"(《신동아》), "낀 세대 40대, 그들은 왜 레프트 윙어가 됐나"(《한국경제》), "86에 까이고 MZ에 치이고… 낀 세대는 서럽다"(《한국일보》)처럼 1975년에서 1984년 사이에 태어난 40대를 낀 세대로 보는 분위기다. 사회에서 내린 정의와 상관없이 본인이야말로 낀 세대라며 억울함과 부당함을 호소하는 사람도 많은데, 내 생각에 나와 부모님 세대는 '전환기 세대' 같다.

  사전에도 없고 기사에도 쓰인 적 없는 '전환기 세대'라는 용어는 내가 만들어낸 말이다. 고로 내가 이 단어의 뜻을 정의해보면 (1) 거대한 사회적 변화를 목도, 경험하고 변화 간 경계에 존재하는 세대, (2) 시대의 흐름에 따라 이전 세대와는 전혀 다른, 새로운 삶의 형태를 만들어내는 혹은 만들어내야 하는 세대라고 하겠다. 주요한 키워드는 '큰 규모의 사회적 변화 혹은 흐름'과 '이전 세대와는 다름'인데 따지자면 내가 속한 밀레니얼 세대는 (1)에, 부모님이 속한 1차 베이비붐 세대는 (2)에 속한다. 그렇게 생각하는 이유는 다음과 같다.

  먼저 나. 1992년생. 베이비붐시대에 태어나 '대학 입학'이라는 외나무다리에서 떨어지면 그대로 도태되는 줄 알았던 사람이다. 보통 MZ로 통칭되지만 왜 Z세대와 묶는지 전혀 이해하지 못하는 밀레니얼 세대이기도 하다. 이 세대는 아날로그에서 디지털로 본격 전환되는 시기에 성장했기 때문에 초등학교 교과목으로 컴퓨터 사용법을 배우며 자랐다. 일정 관리를 하면 다이어리 필기와 동시에 스케줄 관리 플랫폼으로도 정리하는 바로 그 세대다. 사용자 영역을 중심으로 디지털을 접했기 때문에 문서 작성, 웹 서핑 등 기본 사무에는 능통하나 창작의 영역, 특히 요즘 유치원생들도 기본적으로 배운다는 코딩은 다소 낯설다. 회사에 다닐 당시 사무실에서 Z세대라는 신인류를 맞이했던 '전환기 세대' 중 한 명으로서 겪었던 감정을 털어놓으면 이렇다.

"MZ, MZ 하는데 왜 밀레니얼 세대랑 Z세대랑 같이 묶는지 모르겠어. 97년, 98년생 이후 출생한 친구들의 행동을 보면 나와 괴리감이 심하게 느껴지는데 말이야. 자기주장 강하고, 자기애 높고 손해보지 않으려는 걸 너무 대놓고 드러내. 젊은 꼰대 되는 게 싫어 당시엔 하고 싶은 말도 꾹 참았는데 참으면 참을수록 나만 바보되는 느낌이고. 내가 신입일 때는 회사 들어오기 전에 필요한 내용들은 스스로 알아서 갖추고 들어오는 게 당연했는데, 이제는 그런 배경지식이 전혀 없어도 이해받아. '원래 요즘 애들이 그러니까!'라는 말 한마디로 정리되는 거지. 이걸 이해해주는 윗선도 어이없고, 나도 몇 년 늦게 태어났으면 그렇게 행동해도 눈치 안 봐도 될 텐데, 어중간하게 옛날 사상이 배어 있어 이도 저도 못 하고."

실제로 직장에 근무한 지 6년 차 이상 되는 1980년대 후반에서 1990년대 초반 출생자 지인들의 이야기를 들어보면 '요즘 애들은'이라는 서두로 시작되는 직접 겪은 불만이 그득하다. 요즘 애들은 동료가 도움이 필요해도 나서서 돕는 애들이 한 명 없더라, 요즘 애들은 어떤 일이든 일단 상사에게 보고만 하면 자기 일이 끝난 줄 알더라, 요즘 애들은 회사가 자기 집인 줄 안다, 이슈 생기면 아양 떨거나 회피해서 지금의 상황만 모면하면 되는 줄 알더라, 요즘 애들은 중요한 일 시켜달라 하면서 기본적인 거 하나 모르더라 등등. 한 친구는 부장님이 다음날 오전까지 직접 보고를 요구한 일을 모른 체하고 퇴근한 신입 때문에 야근했다는 말을 했다. 무조건적으로 일반화할 수 없겠지만(내가 아는 97년생 친구는 본인이 봐도 앞선 동기들의 태도가 이해가 안 된다 말했다) 이런 Z세대의 모습을 보며 우리가 갖는 감정은 어쩌면 질투에 가까울지 모른다. 상명하복이 당연한 사상을 주입받으며 관례와 등을 맞댄 악습까지 어느 정도는 그러려니 했던 세대로 대놓고 반기를 든 Z세대의 모습은 고깝고, 때로는 불편하지만 한편으로는 부럽기도 하다. 우리는 일단 하면서 속으로 욕했는데 저들은 대놓고 모른 척하잖아? 옳고 그름의 가치 판단은 차치하고 경계에서 이도 저도 못 한 채 소심하게 어물쩍거리던 자로서 놀랍기도 하고 솔직히 샘도 난다. 유치하고 부끄럽지만 어쩌.

반면 1962년생인 부모님은 조금 다른 모습의 '전환기 세대'를 경험하고 있다. 이들은 현재 코앞으로 다가온 혹은 이미 겪은 정년 퇴임으로 여생 계획을 세우거나 실제 실행하는 시기를 맞이했다. 전에는 60대라고 하면 꼬부랑 할아버지, 할머니를 생각했지만 지금의 60대는 그때와는 전혀 다른 제2의 인생을 시작하는 젊은 나이다. 엄마는 다음과 같이 이야기한다.

"예전에는 환갑 넘으면 회사 그만두고 편안히 노년

을 준비할 시기라고 했지. 근데 아줌마들 만나면 맨날 하는 얘기가 '쉬기엔 너무 젊다'는 거야. 우리도 이때쯤이면 늙어서 아무것도 못 할 줄 알았는데 거울을 봐도, 일상생활을 해도 스스로 너무 건강하고 젊게 느껴진다는 거지. 아저씨들도 똑같아. 회사에서는 60세가 넘으니 나가라 한대. 앞으로 죽기까지 40년은 남았는데 대체 뭘 먹고살아야 하나, 아직 에너지가 넘치는데. 부모시절만 생각해도 이런 미래를 꿈꿀 수가 없었는데 갑자기 수명이 확 늘어나니까 당황스러운 거지 다들. 제2의 인생이라는데, 60대에 뭘 해야 70대가 편할까 고민이고."

엄마의 이야기를 들으며 우리와는 또다른, 부모 세대만이 경험하는 혼란스러움과 불안이 느껴졌다. 고대 문헌에 젊은 세대의 철없음을 한탄하는 문구가 남아 있듯 세대 간 갈등도 시대만 흘렀지 매번 반복되는 패턴이다. 아마 Z세대도 다음 세대를 보며 '쟤네도 참……' 하며 한탄하거나 부러워할 테고 1950년대에 태어난 이들도 부모 세대를 생각하며 막연히 상상했던 미래와 전혀 다른 현재에 당황스러워했겠지. 결국 모두가 낀 세대이듯 모두가 전환기 세대일 수도 있겠다 하는 생각과 어쩌면 세대로 가를 수 없는 거대한 사회 속에 우리 모두 고군분투하는 주체가 아닐까 하는 생각도 들었다. 그래, 세대가 뭐가 중요하겠냐. 요동치는 세계 속에 손 맞잡고 공생하는 방법을 찾아야 할 일원일 뿐인데. 중요한 것은 변화에 어떻게 적응하고 자신만의 삶을 만들어나가느냐 하는 문제다. 그런 의미에서 우리가 겪는 혼란은 서로의 입장을 이해하고 손을 잡을 용기를 주는 존재일 수도 있겠다. 우리의 과거를 묻고 나의 현재를 이해하며 부모의 미래로 다음을 가늠해보는 일. '우리 세대'가 아닌 '우리의 삶'을 생각하는 일. 또 한 수 배웠다.

진짜 캥거루족이 '문제'인가요?

캥거루족에 대한 관심이 급증하고 있는지 관련 기사가 근래 자주 눈에 띈다. 그 일원 중 한 명이기도 하고 혹여 글의 소재를 얻을 수 있을까 하는 기대로 기사를 훑어보는데 기사 제목이 하나같이 이렇다. "엄마 배고파 밥줘~"…2030 캥거루족 "딱히 독립할 필요 있나요"(《매일경제》), "매달 50만 원 적자"…3040 캥거루 자식에 노후 파산할라(《조선일보》), "자식 뒤치다꺼리 죽을 때까지 하게 생겼어요"(《서울신문》).

부모 세대의 금융 위기를 짚어보며 캥거루족을 언급한 기사 제목은 "노부모 손 빌리는 자식들 '금융 착취'

입니다"(〈이코노미스트〉)였다. 기사들의 뉘앙스를 보니 한국에서 캥거루족은 부모의 노후 자금과 여생을 희생하게 만드는 몰염치하고 게으르며 미성숙한 존재로 보인다. 단지 한국만의 상황일까 궁금해 검색하던 중 다음 내용을 발견했다.

> 표현만 다를 뿐 이러한 청년들을 지칭하는 용어는 일본, 중국, 유럽 등 세계 여러 나라에 존재한다. 일본에서는 경제적 독립을 이루지 못한 채 부모에게 기대 사는 미혼자를 '패러사이트 싱글(Parasite Single)'이라 부르고, 중국에서는 비슷한 이들을 컨라오족(啃老族)이라 부른다. 캐나다에선 직장 없이 떠돌다 집으로 돌아왔다는 의미로 '부메랑 키즈', 영국에서는 부모의 퇴직연금을 축낸다며 키퍼스(kippers)라는 용어가 캥거루족과 동일한 의미로 쓰인다("마흔 넘은 두 아들 내쫓아달라" 부양에 지친 어머니 '승소', 〈아시아경제〉, 2023. 10. 27).

중국에서 캥거루족을 지칭할 때 사용하는 단어 '컨

라오'는 늙은 부모를 갉아먹는다는 뜻이다. 일본에서 캥거루족을 일컫는 '패러사이트' 역시 기생충이라는 뜻이니 해외에서 캥거루족을 바라보는 시선은 대체로 부모의 등골을 빼먹는 무능력한 자식이라는 느낌이 든다. 부모가 축적한 재산과 시간을 빼앗아간다는 점에서 한국과 비슷하나 기사의 뉘앙스에 근거해보았을 때 한국사회에서 이야기하는 캥거루족이 보다 철부지, 어리광쟁이에 뻔뻔함이 더해진 느낌이다.

앞의 기사들을 읽으며 궁금했던 점은 어떤 의도를 갖고 썼는지였다. 캥거루족이 발생한 원인을 파악한다? 해당 내용이 없다. 캥거루족의 실태를 알아본다? 그러기에는 모집단의 수가 적고 내용이 풍성하지 않다. 기사의 의도는 매체마다, 기자마다 혹은 이 두 주체의 이해관계에 따라 다를 수 있겠지만 나의 감상은 캥거루족에 대한 이해를 바탕으로 구성된 내용이 아니고 이해하려는 의지조차 보이지 않는다는 점이었다. 만일 이해하려는 결심이 있었다면 발생 원인이나 왜 유독 최근 캥거루족이 더 늘고 있는지에 대한 현상 파악, 각계에서 제안하는 해결 방법은 무엇인지 쓰여 있어야 했다. 대부분의 기사는 캥거루족이 독립하지 않는 이유, 부모에게 용돈을 드리고 있는지 여부 등 설문조사 내용을 전시하고 해외에서도 캥거루족이 골칫거리라며 성급히 마무리짓는다.

이런 기사들이 문제가 된다고 생각하는 이유는 다음과 같다.

첫째, 캥거루족에 대한 현상 파악을 어렵게 만들 수 있다. 원래 캥거루족은 부모로부터 경제적·정서적으로 독립할 '의지'가 없어 의존하는 청년들을 의미했다. 최근 대중적으로 언급되는 캥거루족은 의미가 혼용되어 있다. 언급된 기사에서도 의지와 관계없이 부모와 함께 사는 자녀라면 무조건 캥거루족이라 통칭하는 경우가 다수 있었다. 이렇듯 정리되지 않은 모호한 정의는 그때그때 화자나 상황에 따라 바뀌기 때문에 캥거루족의 진짜 현실을 알기 어렵게 만든다. 또한 부모와 동거 여부라는 일방적 기준으로 캥거루족을 정의하면 사례를 일반화하기 쉽다. 부모나 본인의 의향으로 독립했다 다시 돌아와 같이 사는 사람도 있고, 업종이나 근무 환경에 따라 기본적인 생활이 불가한 수준의 급

여를 받기에 사실상 타의로 주거와 생활비를 지원받는 경우도 있는데 일부 상황만 보고 캥거루족이니, 아니니 판명하는 일은 캥거루족에 대한 피상적인 오해를 불러일으킨다. 기사에서 느껴지듯 대체로 부정적인 오해겠지.

둘째, 근본적인 문제와 해결책에 집중하지 않고 현상만 바라보게 만든다. 요즘 대부분의 기사에서 보게 되는 문제점인데, '이런 현상이 있다', '이건 정말 문제다'에서 결론이 동강 잘린 기사는 사회적 담론이 나아갈 가능성을 차단한다. 문제라면 왜 그런 문제가 발생했는지, 그럼 어떻게 해결하면 좋아질지 방향성을 어느 정도는 제시해야 그 방향이 옳을시, 저 방향이 나을지 이야기할 만한 거리가 생긴다. 지금의 기사들은 캥거루족이 생길 수밖에 없는 부동산가격, 2030세대가 주 대상인 전세 사기, 1인 가구의 삶의 질과 치안 문제, 고물가 대비 낮은 임금, 대기업과 중소기업의 임금 격차 등의 근본적인 이유는 언급하지 않는다. 대신 캥거루족 개인의 의지와 능력의 부족함을 지적하느라 바쁘다.

마지막으로 부모 세대와 불필요한 갈등을 조장한다. 서두에 언급한 기사들의 헤드라인을 살펴보면 캥거루족은 그저 부모 세대의 경제적 중압감을 짓누르는 짐덩이다. 퇴직 후 편안한 여생을 기다렸던 부모의 꽃길을 막는 장애물 그 이상, 그 이하도 아니다. 게다가 "엄마, 배고파 밥 줘" 같은 문장에서 그려지는 캥거루족은 본인 밥조차 차려먹지 못하는 미성숙한 아이 그 자체다. 해당 표현은 기사 본문과도 연관성이 전혀 없어 보이는데 대체 왜 이렇게 쓰였는지 궁금하다. 이런 식의 논조는 문제 해결에 도움되지 않을뿐더러 부모 세대의 반발심과 억울함만 자극한다. 언급했던 근본적인 문제점은 가린 채 부모 세대와 자식 세대를 갈라 얻는 이득은 무엇일까. 누구를 위한 것일까.

한 집단을 향한 시대적 인식을 확인하려면 뉴스 기사를 확인하는 것이 가장 좋은 방법이라 생각했는데, 살펴본 캥거루족에 대한 사회적 시선은 차갑다 못해 아득해질 정도였다. 사실 캥거루족이라고 자발적으로 "나 캥거루족이라 불러줘!" 하며 나섰을 리 없다. X세대, MZ세대처럼 편의에 따라 나눈 결과물일 것이다.

사회가 분리한 집단이라면 그렇게 되기까지 압력을 행사했던 사회적 영향도 무시할 수 없지 않을까. 마음속에 품은 개인적인 이유와 상관없이 캥거루족이 될 수밖에 없었던 사회적 원인은 어디에 있을까. 원인을 찾아 헤매는 두 눈에 피로감이 몰려온다.

[에필로그]

 앞의 글은 2024년 중순에 쓴 것이다. 1년이 지난 최근 〈연합뉴스〉에서 '팩트체크'라는 이름 아래 캥거루족에 대한 새로운 기사가 나와 읽어보았다([팩트체크] "35세도 독립 못 해"…늘어나는 캥거루족의 실체). 기사에서는 다양한 보고서와 지표를 기반으로 캥거루족을 연령별, 지역별로 나누어 보여주거나 부모의 소득과 청년 자녀의 독립 여부 사이의 관계 등을 설명한다. 다만 기사 내용의 출처인 한 자료에서는 캥거루족을 현재 부모와 같이 살고 있거나 경제적으로 독립하지 않은 채 일시적으로 따로 살고 있는 25세에서 34세 청년이라 규정하는데, 통계청 자료는 30대 후반까지 포함하고 있어 분석 대상의 범위가 다소 차이난다. 이 기사의 마지막 문장처럼 우리에게는 여전히 성의 있는 "추가적인 통계 자료와 후속 연구가 필요하다."

캥거루족이 문제가 아니었네

 진짜 캥거루족이 문제냐며 성토한 글을 쓴 이후 어딘가 왠지 찜찜했다. 클라이언트 요청에 따라 기획서 수정도 했고 오탈자도 꼼꼼히 확인해 세출까지 했는데 정작 하고 싶었던 말은 책상 위 메모지에 덜렁 남겨둔 느낌이랄까. 글 말미에 캥거루족이 될 수밖에 없는 사회적 이유를 찾아보겠다는 의지를 남겨둔 것이 화근이었다. 기왕 이렇게 된 김에 지레짐작만 했던 원인을 좀 더 명확히 들여다보고 싶다는 생각이 들었다. 어디 한번 파헤쳐봐?

 캥거루족일 수밖에 없는 이유를 생각했을 때 가장

먼저 떠오르는 원인은 경제적 이유다. 가장 큰 것은 집값. 한국에서 물리적·경제적 독립을 가능하게 만드는 요인 중 대표적인 것이 독립된 거주이기도 하고 캥거루족을 대상으로 한 여러 설문조사에서 집값에 대한 언급이 잦다보니 부동산가격을 먼저 살펴보아야겠다는 생각이 들었다. 과거 내내 꾸준히 올랐다고 생각은 했지만 어느 정도 올랐는지는 정확히 알지 못했는데.

권역별 아파트 매매가격지수

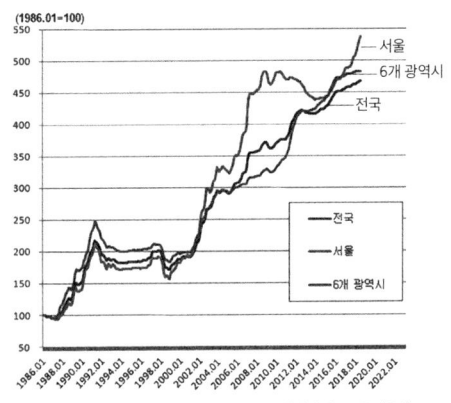

출처 : "KB주택가격동향시계열", KB국민은행.
원자료의 기준 시점 변경. Retrieved 14-06-2018.

부동산가격. 어디까지 올라가는 거예요? 1986년과 비교했을 때 아파트 매매가격은 거의 4.5배 이상 올랐다. 그럼 아파트를 포함한 주택종합가격은 어떨까?

주택종합 매매가격지수 역시 2022년 하반기에 다소 꺾였으나 이전 대비 상당히 오른 상태로 정체되고 있다. 주택가격 자체가 높은 수도권은 전세가격 수준도 기타 지방에 비해 높다고 볼 수 있다. 원래 전세는 주택 구입에 비해 경제적 부담이 덜한 선택지였으나 몇 년 새 빈번히 발생한 전세 사기 범죄로 선택하고 싶어도 불가한 지경이다. 2024년 12월 국토부가 공개한 전세 사기 피해 실태조사 결과에 따르면 피해자 인정 요건을 충족한 피해자는 모두 2만 4668명으로 집계되었다. 2030세대 피해자는 그중 83퍼센트가 넘는다. 경제적 부담을 줄이려니 사기를 당하지 않을까 조마조마해야 하고, 그것이 아니라면 말도 안 되는 아파트가격을 부담하거나 다달이 높아지는 월세를 감당해야 한다니. 이런 죽음의 버뮤다 지대가 어디 있담? 실제 청년들의 주택 보유율이 낮은지도 확인해보자.

주택종합 매매가격지수

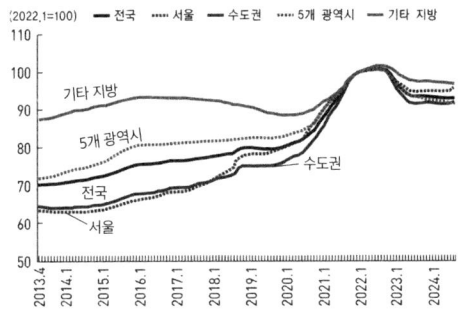

주택종합 전세가격지수

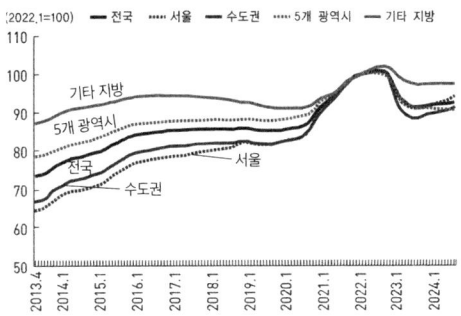

종합 매매 대비 전세가 비율

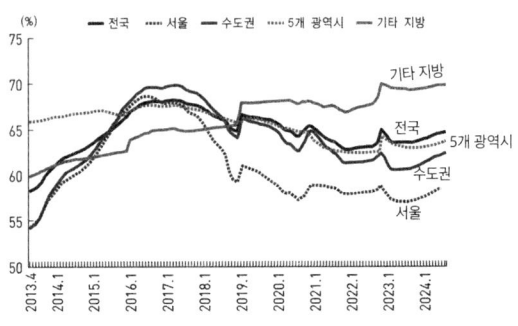

출처: 「한국의 사회 동향 2024」, 통계청.

연령별 1인가구, 무주택가구 비율, 2021

(%)

	가구 비율	1인가구 비율	무주택가구 비율
40세 미만	23.3	52.8	70.7
40~49세	19.8	22.4	40.4
50~59세	22.5	22.8	36.1
60세	34.4	33.5	32.4
전체	100.0	33.4	43.8

주: 1) 「청년기본법」에 따라 청년은 19~34세로 정의되지만, 「주택소유 통계」는 10세별로 통계를 제공함에 따라 40세 미만을 청년으로 가정하여 분석함(통계청, 「인구총조사」, 2022, 「주택소유통계」, 2022.).
출처: 「한국의 사회동향 2023」, 통계청.

앞의 표를 살펴보니 40대 미만인 2030세대의 무주택가구 비율은 부모 세대인 50대와 60대 비율의 두 배에 다다른다. 어디를 가나 새로 짓는 아파트 전시일 정도로 주택공급률은 높아졌으나 청년 세대의 무주택가구 비율이 저만큼 높다는 것은 청년 세대가 소비할 만큼 가격 형성이 되어 있지 않다고 해석할 수 있겠다. 실제로 자가를 마련한 지인들은 부모에게 주택자금을 지원받거나 사업하는 부모 명의로 저금리에 큰 금액을 대출받고 부모에게 갚는 형태로 집을 샀다. 순수 내 돈으로만 집을 사는 것은 극히 일부에게 제공된 혜택이

연령별 소득, 자산, 부채 순자산, 2021

(만 원)

	소득	자산	부채	순자산
40세 미만	6,398	35,625	9,986	25,639
40~49세	7,871	55,370	12,208	43,162
50~59세	8,086	56,741	10,074	46,666
60세	4,602	48,914	5,703	43,211
전체	6,414	50,253	8,801	41,452

주: 1)「청년기본법」에 따라 청년은 19~34세로 정의되지만, 「주택소유 통계」는 10세별로 통계를 제공함에 따라 40세 미만을 청년으로 가정하여 분석함.
  2) 경상소득은 전년도를 기준으로 계산되기 때문에 2022년 자료의 2021년 경상소득 자료를 활용하였고, 자산과 부채, 순자산은 2021년 자료를 활용하여 작성함.
출처: 「한국의 사회동향 2023」, 통계청.

나 특권 같은 일인지.

그럼 자산도 살펴볼까. 60세 이상은 소득 수준이 타 연령대에 비해 가장 낮았음에도 불구하고 순자산의 규모가 소득 수준이 가장 높은 50세에서 59세와 그렇게 차이나지 않았다. 앞의 무주택가구 비율을 감안했을 때 주택의 보유 여부와 주택가격 상승이 영향을 미친 듯하다. 과거에 구매한 주택을 지속적으로 보유하며 자연스레 가격이 올랐든 반복된 거래를 통해 시세를 높여왔든 여러 이유가 있겠지만 추측하기에 전자가 유효할 듯하다. 한편, 2030세대는 60세 이상보다 소득은 더 높았지만 부채 규모와 소득 대비 부채 비율도 컸으며 순자산은 60대 이상보다 현저히 낮았다. 비슷한 시기에 발표된 「2022 서울청년패널 기초분석 보고서」에 따르면 서울에 거주하는 19세에서 36세 청년 기준 자산 빈곤율은 55.6퍼센트, 개인 소득 빈곤율은 37퍼센트에 달한다고 하니 전반적으로 경제적 수준이 부모 세대 대비 한참 못 미침을 알 수 있다.

그렇다면 2030세대는 일을 하는데도 왜 돈이 없는 것일까? 뻔하지만 물가 상승, 임금 격차 등을 이야기할 수 있다. 물가 상승은 전 국민이 타격을 받는 문제이므로 조금 미루어두고 임금 격차를 이야기해보자. 대부분의 2030세대가 근무하는 중소기업과 소수 대기업의 임금 격차는 2.1배 수준이다. 이렇게 이야기하면 "그럼 대기업 다니는 사람 중엔 캥거루족이 없다는 것이냐" 하겠지만 여기서는 '대부분'의 청년 세대를 이야기하는 것이니 이해를 바란다.

또한 상위 20퍼센트 임금근로자와 하위 20퍼센트 임금근로자의 월평균 임금 격차는 줄어드는 듯하다가 최근 다시 벌어지고 있다. 정부는 경기 악화가 저임금

근로자에게 더 큰 영향을 미쳤다고 분석하는데, 대부분의 청년이 양질의 일자리를 누릴 수 없는 한 경제적 빈곤은 더욱 심화될 것으로 보인다. 게다가 AI가 본격적으로 등장하며 청년들이 취업할 기회는 더욱 적어졌다. 한 지인의 회사도 '웬만한 일은 AI로 처리 가능하니 AI 서비스에 능통한 중간 관리자 한 명이면 충분하다'는 이야기를 했다고. 업계마다 다르겠지만 무력감이 드는 것은 어쩔 수 없다.

다음으로 삶의 질 문제도 한번 들여다보자.

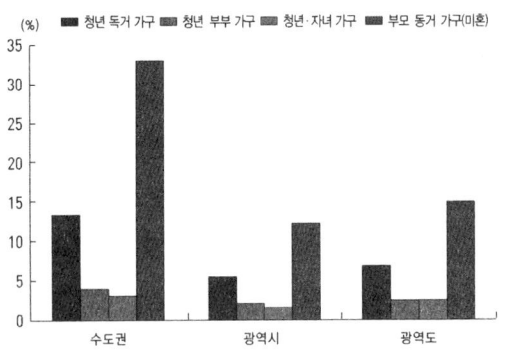

가구 유형별 비율, 2022

주: 1) 모집단 가중치로 개인 가중치를 사용함.
출처: 「한국의 사회 동향 2023」, 통계청.

도표를 보면 수도권에 캥거루족이 밀집되어 있다는 사실을 알 수 있다. 수도권에서 청년 독거 가구와 부모 동거 가구의 비율이 상대적으로 높은 이유는 일자리와 모든 인프라가 수도권에 집중되었기 때문으로 보인다.

주거 환경 만족도 차이 지표를 확인했을 때 수도권과 광역시에 거주하는 청년 독거 가구에서 유일하게 만족도가 양수로 나온 항목은 '대중교통 이용'이다. 독립한 이상 출퇴근이 편한 역세권에 사는 것을 선호함을 알 수 있다. 다른 항목은 죄다 만족도가 음수인 점이 슬프다. 반면 동일한 지역의 부모 동거 가구의 만족도는 대부분 비슷한 수준으로 높다. 특히 인구 밀도가 엄청난 수도권에서 '치안 및 범죄 등 빈빔 상태'의 만족도가 타 그룹 대비 높게 나타난 것은 주목할 만한 일이다. 아마 관리가 상대적으로 잘 되는 아파트 단지에 거주할 확률이 높아서가 아닐까 추측한다. 그 밖에도 삶의 질을 형성하는 데 중요한 요소가 독거할 때는 충족되지 않으나 부모와의 동거를 통해서는 모두 충족되는 모습처럼 보인다. 광역도도 일부 음수인 항목들이 있으나 독거 가구에 비하면 양호한 수준이다.

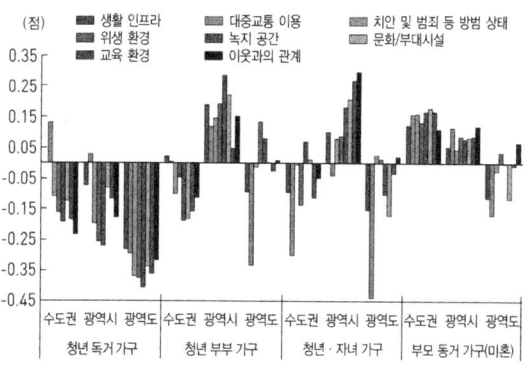

주: 1) 모집단 가중치로 개인 가중치를 사용함.
2) 통계치는 항목별, 유형별, 지역별 평균 점수(5점 척도)를 각 항목별 평균 점수의 차이로 계산함.
출처: 「한국의 사회 동향 2023」, 통계청.

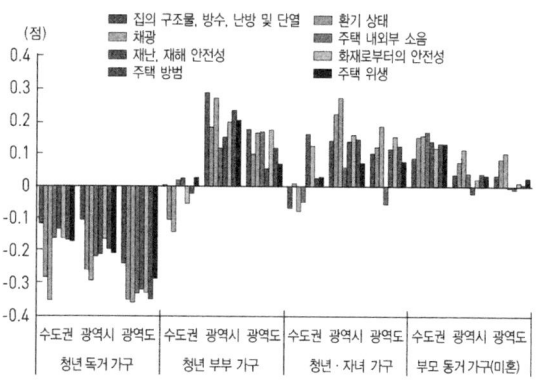

주: 1) 모집단 가중치로 개인 가중치를 사용함.
2) 평가 차이는 항목별, 유형별, 지역별 평균 점수(5점 척도)를 각 항목별 평균 점수의 차이로 계산함.
출처: 「한국의 사회 동향 2023」, 통계청.

거주 주택 상태 평가 차이에서도 청년 독거 가구는 지역 상관없이 모든 항목에서 음수를 기록했다. 반면 부모 동거 가구는 거의 대부분 항목에서 양수로 나타난다. 청년 독거 가구로 살며 느끼는 삶의 질과 부모와 함께 거주하며 누리는 삶의 질이 매우 뚜렷하게 차이남을 여러 지표를 통해 알 수 있다. 청년 독거 가구, 부모 동거 가구를 모두 경험한 청년을 조사한다면 결과가 어떻게 달라질지 궁금하다.

내용을 종합해보면 청년 세대는 임금 격차와 높은 집세를 감당해야 하는 사회 구조 안에서 독립할 여건을 마련하기 어렵다. 또한 혼자 거주하는 이들은 부모와 함께 거주하는 이들에 비해 삶의 질에서 상당히 낮은 만족감을 느낀다. 캥거루족으로 사느냐, 마느냐는 개인의 선택이라 해도 사회적 측면에서 보았을 때는 캥거루족이 양산되는 것이 전혀 이상할 것이 없는 상황이다.

자료조사를 하며 흥미로웠던 점은 캥거루족을 대하는 기사의 논조가 변하는 양상이었다. 캥거루족이 처음 언론에 언급된 시기는 IMF가 발생한 1997년도로 이때는 '졸업 시즌이되었는데도 대학을 떠나지 않는 한심한 학생들'이라며 캥거루족의 원래 의미대로 사회생활을 할 의지를 보이지 않는 학생들을 비판한다. 2000년대 초반부터는 논조에 변화가 생긴다. 극심한 취업난에 어쩔 수 없이 부모 집에 눌러산다며 일견 변호하는 모양새도 취한다. 개인 의지의 부재라기보다는 사회적 요인으로 자유 의지를 박탈당한 느낌이다.

2010년대 중반에 들어서자 경기 침체와 실업난으로 '3/5/7포 세대'가 등장하면서 캥거루족의 존재에 사회 구조적 원인이 있지 않냐는 기사들이 올라온다. 직장이 있거나 결혼해도 부모와 동거하거나 지원받는 '신캥거루족'에 대한 언급이 시작된 시점도 이때다. 2020년 코로나19가 전 세계를 휩쓸며 불안정한 고용 형태로 수입을 이어가던 청년들이 타격을 받자 캥거루족의 규모는 더욱 커진다. 전 세계적으로 캥거루족을 이대로 방치해야 하나에 대한 논쟁에 불이 붙는다. 그리고 잦은 전쟁으로 고삐가 풀린 인플레이션과 금리 인상에 모두가 허덕이는 지금, 캥거루족은 부모의 평탄한 노후를 위협하는 짐덩이가 되었다.

이전과 비슷하게 사회적·경제적으로 모두 힘들어졌는데 캥거루족에 대한 논조는 우왕좌왕하는 이유가 무엇일까. 정말 세대 갈라치기를 해서 이득을 얻는 누군가가 있기에 이런 것일까? 아니면 그동안 삶이 더 팍팍해져 캥거루족의 존재를 더이상 참지 못하게 된 것일까? 그전에 언제부터 대학에 입학하면, 직장을 구하면 나가 사는 일이 당연해졌을까? 통상적으로는 결혼이 독립의 기점이었으나 결혼하지 않는 청년들이 늘어나며 책임을 지울 누군가를 찾은 것일까? 확실한 것은 캥거루족이 존재하기까지 쌓였던 수많은 원인은 개인의 의지만으로는 해결할 수 없다는 문제라는 점이다. 아마 여기에 언급되지 않은, 잠잠한 수면 아래 모른 척 숨어 있는 거대한 빙하 같은 문제도 있겠지. 자, 여기부터는 각계 전문가들이 나설 차례다. 어떤 삶의 형태가 되었든 마음 놓고 살게 좀 해줘요!

[에필로그]

 이 역시 앞의 글과 마찬가지로 2024년 중반에 초안을 썼다. 원고를 수정하며 주택종합 매매가격지수, 주택종합 전세가격지수, 종합 매매 대비 전세가격 비율만 최신 데이터로 업데이트했고, 나머지 자료들은 수치를 별도로 구할 수 없어 그대로 유지했다. 1년 사이 우리는 계엄을 겪었고 국외 정치인들은 자국민을 보호한다는 명분 아래 보호무역주의를 해답으로 제시하고 있다. 무엇이 정답인지는 알 수 없으나 해결책을 빌미로 청년 세대는 낭떠러지로 내몰리고 있다. 안전하게, 마음 놓고 살게 해달라는 것이 그렇게 큰일인가요.

딸기를 씻으면 엄마 생각이 나

 엄마가 집을 비우는 일이 잦아졌다. 언니가 첫째 조카를 출산한 이후에도 언니네 집에 자주 내려가곤 했으니 둘째 조카가 태어난 이후에는 시기가 주기가 될 만큼 방문이 빈번해지고 있다. 사실 엄마가 집에 있어도 각자 할일에 집중하느라 집은 대부분 절간처럼 조용하지만 부재할 때면 희한한 순간에 엄마 생각이 불쑥 떠오른다.
 그런 순간은 보통 집안일을 할 때다. 아빠는 이른 시간에 출근해 늦은 시간에 퇴근하니 집에 있는 내가 보통 살림을 도맡는다. 엄마가 주도했던 빨래도, 식사 준비, 식재료 구입 모두 다 내 몫이다. 그중 가장 큰 고민거리는 아무래도 반찬이다. 냉장고 속 재료들을 최상의 조합으로 섞어 그럴듯한 양념으로 변신시키기. 하지만 상대는 아빠다. 지난 30년 이상 엄마의 손맛에 길들여져 처음 보는 음식에는 젓가락도 잘 대지 않는 옹고집. 한우보다 삼겹살을, 삼겹살보다 제육을 선호하는 외길 입맛 그 자체. 대상의 성향을 반영해 실험적인 메뉴는 어쩌다 한 번의 경험으로 남기고 이미 호가 보장된 익숙한 메뉴 중심으로 식단을 짰다. 그 결과는 김치찌개, 김치찌개, 또치찌개. 김치찌개만 끓이면 진동하는 지독한 냄새 때문에 요란스럽게 환기했던 내 반응에도 엄마가 왜 그렇게 김치찌개를 끓였는지 알겠다. 아휴.

그다음에는 장보기. 김치찌개와 냉장고 속 재료로 돌려막기하는 일도 시간이 지날수록 숙련되었다. 그 덕에 식재료를 살 핑계는 없지만 제철 과일은 놓치지 말고 먹어야 한다는 생각으로 천혜향, 딸기 등을 몇 번 샀다. 지난번에는 마트에 빛깔 좋은 딸기가 들어왔기에 집에 와서 깨끗이 씻어 꼭지를 따고 유리 용기에 예쁘게 배열해 담다 갑자기 눈물을 찔끔 흘렸다. 생각해 보니 엄마는 항상 과일을 사면 "우리 딸은 예쁜 애들만 먹어" 하며 가장 동글고 어여쁜 아이들만 손질해 내 입에 넣어주었다. 나도 모르게 그 습관을 똑같이 따라 하고 있었던 것이다. 실제로 해보면 모든 과정이 새삼 번거롭고 귀찮기 이를 데 없는데 매일 본 광경이, 내가 받은 마음이 그런 형태다보니 나 역시 무의식중에 따라 하고 있었다.

화장실 하수구 청소를 할 때는 다른 방향에서 엄마 생각이 든다. 엄마와 아빠가, 내가 더 나이들어도 우리는 서로가 남긴 머리카락을 치우며 살아갈까. 그때쯤에는 엄마 손에 지저분한 머리카락 붙일 일은 없었으면 좋겠는데. 그러려면 나는 뭘 해야 할까. 꼼꼼한 청소 전문가의 도움을 받는 것이 나을까. 그때의 엄마는 지금보다는 가사에 대한 의무감과 에너지가 덜할까, 아님 그때도 '내 살림은 절대 남의 손에 못 맡긴다'는 이야기를 하며 수세미를 들까. 그때쯤에는 "너는 이런 거 하지 마, 나중에 하게 될 텐데"라는 말을 미련 없이 포기할까. 내가 택한 사람이라도 생판 남의 머리카락을 주울 바에는 엄마, 아빠 머리카락을 줍겠다는 내 마음을 이해하게 될까. 무엇도 특정할 수 없는 미래 앞에 머리카락을 줍는 손이 느려진다.

  최근 결혼한 친구들을 만나 근황을 나누다 엄마가 집을 비울 때 살림을 도맡아하고 있다고 말했다. 그 말에 친구들은 "너 그 정도면 부모님한테 월급받아야 하는 거 아니야?"라고 물었고 나는 애써 웃으며 "그럼 우리 엄마한테 먼저 월급을 드렸어야 했던 거 아닐까" 하고 답했다. 가볍게 받아쳤지만 가사노동 역시 노동의 가치가 있으니 경제적 관점에서 보상해야 한다는, 매년 나오는 이야기만으로는 부족하다. 반복된 논의치고 가사노동에 보상하는 사례도 거의 본 적 없고. '앞으로 가사노동을 할 사람들'을 위한 보상의 개념에 어머니 세대가 배제된 느낌도 얼핏 든다. 이미 흐른 시간을 돈으로 갚음할 수 있나? 가족을 향한 애정과 보살핌을 가사의 형태로 표현했던 이들의 경우 돈으로 보상받는 것이 오히려 모욕이라 느낄 수도 있겠지. 그렇다면 이 또한 각자 형태를 달리해야 하는 것일까. 이놈의 집안일은 열심히 해보았자 티도 안 나고 월급도 안 들어오니 영 할 맛이 안 난다는 엄마에게 나는 뭐라고 말했더라. 그러게 왜 결혼했냐며, 맞선 자리에서 왜 도망가지 않았냐며 눈치 없이 대못을 박았던가. 차라리 이렇게 말할걸. 나는 남은 인생 내내 김치찌개를 끓일 때, 딸기를 씻을 때, 머리카락을 정리할 때 엄마를 떠올릴 거라고. 엄마 옆에 붙어 동그란 딸기를 받아먹던 그 기억으로 엄마가 먹을 딸기를 정결히 담아둘 테니 엄마는 가장 새빨간 딸기만 골라먹으라고.

쿵 하면 짝 하는 사이는 아니더라도

 오래 알고 지낸 사이라도 '우리가 이렇게 안 맞았나?' 하는 순간들이 있다. 예를 들면 10년지기 절친과 처음으로 해외여행을 갔을 때. 분명 이 친구에 대해 모르는 것이 없다고 자신만만했는데 깔끔한 호텔보다 맛있는 식사를 즐기는 데 더 투자하는지, 향신료가 강한 음식을 먹는지, 명소 관광보다 쇼핑을 더 선호하는지, 비용보다 경험을 중시하는지 처음 알게 되는 모습투성이다. 그 안에서 100퍼센트 일치를 보는 것은 로또 맞는 횡재 수준이고 대체로 '너랑 진짜 안 맞는다' 하며 좋은 기억까지 삭제시킨 채 앞으로 같이 여행하는 일은 절대로 없다며 치를 떤다. 이런 상황은 가족과 생활하면서도 비일비재하게 일어난다. 이 정도 같이 살았으면 서로 알 만하고 예측 가능할 텐데, 쿵! 하면 짝!이 돌아오기는커녕 헛발질한 꽹과리소리만 요란한 격이니 안 맞아도 이렇게 안 맞을 수 있나 싶다. 이쯤 되면 전생의 원수가 현생의 가족으로 회귀한 것이 아닌가. 우리집 역시 이 가설을 진지하게 믿고 싶을 때가 있다.

이를테면 이런 식이다. 아빠는 엄마 혹은 내가 컨디션이 좋지 않거나 너무 피곤해서 일찍 자고 싶은 날만 늦게 들어온다. 또 아빠는 엄마가 겨우내 벼르던 이불 빨래를 힘겹게 마치고 나면 꼭 몸살이 난다. 식은땀으로 흥건히 젖은 이불은 다시 세탁기에 들어간다. 엄마는 내가 일찍 일어난 날에는 늦잠을 자고 내가 늦잠을 잘 때는 일찍 일어난다. 내가 시간이 많을 때 엄마는 개인적 일정이 많거나 집에 있기를 원하다가 내가 바빠졌을 때만 방에 슬며시 들어와 "엄마랑 어디 놀러 나갈까?" 하며 치근덕거린다. 나는 엄마가 청소한 직후 과자처럼 부스러기가 많이 떨어지는 간식을 먹다 기어이 바닥에 질질 흘리고 대대적으로 가스레인지를 청소하면 갑자기 기름이 죄다 튀는 요리가 먹고 싶어진다. 또 꼭 세탁기를 돌리기 시작한 직후에 빨랫감을 만든다. 엇갈려도 적당히 엇갈려야지 이 정도면 하지 말라고 어깃장을 놓는 수준이다.

이런 일이 하도 반복되다보니 징크스가 되었다. '설마 이번에도 그러겠어?' 하면 대부분은 맞아떨어진다. 같은 경우를 미연에 방지하기 위해 신경을 곤두세워도 예정된 결말처럼 어긋난 채로 경험이 굳어진다. 생각해보면 방지하는 것 자체가 불가능한 일이다. 내 행동도 가끔 통제할 수 없는데 아무리 가족이라도 독립된 생명체의 생각 혹은 행동을 통제하려는 것은 엄청난 월권이다. 골탕을 먹이겠다 작정하고 벌이는 일도 아닌데 자꾸 통제할 수 있다고, 통제하고 싶다고 생각하니 문제가 되는 거지. 안 맞는 것이 아니라 상황에서 불거지는 자연스러운 현상이다.

다행스러운 것은 그렇게 빗나가다가도 우연이 맞물려 흥겨운 장단을 이루는 순간도 있다는 점이다. 엄마가 "아, 갑자기 빵이 너무 먹고 싶다" 이야기한 적이 있는데, 그날따라 집에 남겨둔 빵도 없고 밖에 나가 사오기에는 귀찮은 상황이었다. 그 순간 아빠가 빵을 사왔다. 원래 먹을 것을 자주 사오는 성향도 아니고 엄마가 미리 언질하지 않았는데도 말이다. 또 내가 집에 돌아가는 길에 '쌀쌀하니까 집 가자마자 온수매트 켜놓고 씻어야지' 생각하면 이미 누군가 내 방의 보일러를 높여두거나 온수매트를 켜둔 적도 많았다. 앞서 말한 어긋난 상황들처럼 별생각 없이 한 일이었지만 우연의 기저에는 서로에 대한 관심과 애정이 있었다. 엄마가 빵을 즐겨먹고 좋아하는 것을 아니까, 밖을 내다보니 오늘 유독 썰렁한 것이 느껴지니까. 이런 마음이 우연을 가장해 우리에게 전달되는 것을 확인하니 어긋남 자체도 기분 좋게 받아들일 만하게 되었다. 오히려 그 다음을 기대하는 이유가 된다.

예측할 만한 안 좋은 상황에 대처하는 방법도 만들었다. 이제 엄마는 오락가락하는 날씨가 완연한 여름이 되었을 때 이불 빨래를 준비한다. 나는 엄마와 내 컨디션 및 스케줄을 전부 고려해 "이날 둘 다 일정 없는데 여기 놀러 갈까?" 하고 먼저 제안한다. 이상한 청개구리 심보로 가스레인지 청소 후 기름 튀는 음식이 먹고 싶을 때는 외식으로 대체하거나 그냥 한 번 요란스레 해먹고 부엌 대청소를 도맡아한다. 모든 상황에 해결책이 없는 것은 아니다. 단지 조금 번거롭거나 미리 방지해야 할 일이 있을 뿐. '대체 왜 내가 뭐만 하면 저래?' 하는 생각보다 '저렇게 될 거니까 이렇게 해야지' 혹은 '미리 이렇게 해달라고 해야지' 하는 마음이 편히 살아가는 지혜가 된다는 것을 알았다.

내가 쿵 했을 때 옆에서 꽹과리를 쨍쨍거리든 태평소를 우렁차게 불든 북채를 떨어뜨리든 나를 복제한 클론들과 살지 않는 한 칼군무는 어려울 터다. 모든 우연은 꽤 자주 삐끗대고 희박하게 맞아떨어지며 희로애락을 선사하겠지. 기왕 이렇게 된 김에 각자의 악기를 들고 최소한의 리듬이라도 맞추는 것이 최선이 아닌가 싶기도 하고. 정 안 되면 엇박자라도 유려하게 탈 수 있는 리듬감을 배워도 나쁘지 않겠다. 그렇게 살다보면 안 맞았던 것이 너와 내가 어우러지는 계기가 될지 어찌 알겠나. 그런 의미에서 이번의 가르침 또한 절대 헛되지 않을 것이라 믿는다. 비록 아직도 혼곤한 눈빛으로 늦게 귀가한 아빠에게 인사하고 늦잠을 자려 작정했던 어느 날 아침 엄마의 요란스러운 기상으로 뒤척이는 일이 비일비재하지만. 호되게 배운 만큼 유용하게 쓰고 말 테야. 꼭.

【 에 필 로 그 】

포장된 국밥으로 사랑을 느끼다

 토요일 오후 지인과 점심식사 후 운동까지 개운하게 마치고 돌아왔는데 집이 고요했다. 어디 나간다는 말도 없었는데 엄마의 핸드폰과 안경만 자리를 비운 채 정적이 흘렀다. '전화를 해봐야 하나' 생각하며 짐을 정리하다 안방에 들어갔는데 동그랗게 이불 언덕을 이룬 작은 존재가 눈에 띄었다. 엄마였다. 잘 때 빼면 절대 침대에 눕지 않는 사람들이 우리 가족인데, 엄마가 대낮에 누워 있다? 좋지 않은 신호였다.
 언니네 집에 며칠 다녀온 엄마의 상태가 심상치 않더니 기어코 몸살이 도졌다. 내려갈 때부터 날씨가 별로 안 추우니 얇은 경량 패딩 하나면 된다는 것을 다들 말려 도톰한 외투를 손에 들려 보냈는데 그 노력도 별 소용없었던 듯하다. 바이러스는 자기관리라면 철두철미한 사람의 빈틈을 어쩜 그리 잘 노리는지. 가족들이 탄수화물 중독이라고 놀릴 정도로 밥과 빵을 많이 먹던 엄마는 스스로도 놀랄 만큼 밥을 남기더니 목이 아프다며 젖은 파래김처럼 축 처져 있었다. 최근 다시 재조명받고 있는 시트콤 〈거침없이 하이킥〉의 한 에피소드에서 체기 때문에 잘 먹던 냉면을 남긴 나문희를 보고 울먹이던 정준하가 나였다니. 1년에 한두 번쯤 앓는 강철 체력이라지만 한 번 앓을 때 제대로 몸져눕는 것을 알기에 차를 끓이고 끼니를 거르지 않도록 식사 알람 노릇을 했다.

  일요일은 홀로 계획한 일정이 있었고 아빠도 사무실에 나가기에 엄마를 혼자 두고 외출해야 했다. 엄마도 어느 정도 기운을 차린 듯해 아무것도 손대지 말고 마음 편히 누워 있으라며 집을 나섰다. 마침 집에 약도 다 떨어진 상태라 겸사겸사 잘 나왔다 싶었다. 목적지 근방 약국이 문을 열어 필요했던 약도 다 살 수 있었다. 몇 시간에 걸쳐 볼일이 끝난 후 집에 가기 전 뭐든 사야겠다 싶었다. 뭘 사다주지. 나는 몸살기가 있고 힘이 떨어졌을 때는 얼큰하고 뜨끈한 국밥에 밥을 말아먹는다. 그후 후드티 같은 두꺼운 옷을 껴입은 채 40도가 넘는 온수매트에서 땀을 뻘뻘 흘리고 나면 다음날 새로 태어난 듯 개운한 느낌이 들곤 했는데. 엄마는 국밥 중 추어탕을 가장 선호하니 추어탕을 사가야겠다는 계산이 섰다. 마음이 무색하게 근방 추어탕가게는 모두 휴무였고 차선책으로 꼽았던 순댓국을 2인분 포장해 봉투를 달랑대며 집으로 돌아왔다. 다행히 청양고추를 얼큰하게 넣은 순대국밥이 입맛에 맞았는지 엄마는 밥 3분의 2 공기를 비우는 쾌거를 달성했다. 이래야 우리집 나문희 여사님이지!

순대국밥을 나누어먹고 엄마와 둘이 티브이를 보며 두런두런 이야기하던 차에 아빠가 귀가했다. 대체로 빈손이던 퇴근길 아빠 손에 들린 까만 봉투. 비닐을 비집고 나오는 형태를 가늠하니 딱 국밥이었다. 내심 뭘까 하고 물끄러미 쳐다보고 있으니 아빠가 엄마에게 전하며 말한다. "추어탕 사왔어." 그 말을 기점으로 웃음이 빵 터졌다. 누가 가족 아니랄까봐 생각하는 흐름도 비슷하고 행동하는 패턴도 이리 비슷하다니. 무려 우렁이를 넣은 남원 추어탕을 사왔다며 웃는 아빠의 모습을 보며 사랑이 이런 건가 했다. 아빠가 엄마에게 주는 사랑, 내가 엄마에게 주는 사랑 그리고 그 모든 것을 느낄 수 있는 우리.

사랑을 느끼는 방법도 여러 가지가 있겠지. 누군가는 절체절명의 위기에서 자신을 위해 목숨을 바치는 일이 사랑이라 하고, 누군가는 내가 해준 만큼 돌려받는 것이 사랑이라 말한다. 유명 드라마나 영화에서 보면 아슬아슬 위태로운 상황에서 이루어지는 사랑이 절대적인 아름다움을 가진 양 보이기도 한다. 글쎄, 그런 것도 사랑이겠지만 그것만이 사랑이라고 할 만큼 나는 낭만적이거나 이상적인 사람은 아니다. 상대가 좋아하는 일, 바라는 것이 무엇일까 고민한 끝에 수줍게 내미는 작은 마음 하나라도 사랑은 꽉 차 있다. 국밥 포장을 기다리며 초조히 시계를 보던 시선, 비닐봉투를 손에 걸고 재촉하던 발걸음, 데일까 천천히 먹으라며 반찬 포장을 푸는 손짓. 내가 배운 사랑은 결국 이런 것이었다.

내 행복은 내 행복, 네 행복도 내 행복?

가족에 관해 건네보는 세상 건조한 의견 하나. 나는 일상의 행복이 타인의 상태나 상황에 의존하는 일은 건강하지 않다고 생각한다. 지극히 T의 입장으로 보이겠지만 나는 도합 서른 번의 MBTI 검사를 했을 때 모두 F가 나온 대문자 F 성향이다. 그럼에도 불구하고 이 말을 꺼낸 이유는 부모 자식 관계에서 부모가 자식의 일이 잘 되어야만 행복하고, 자식이 힘들면 본인이 감정적으로 더 고통받는 모습을 자주 보았기 때문이다. 때로는 자식의 삶이 곧 부모의 삶이 아닌가 싶을 정도다. 물론 내 품, 내 마음으로 낳은 자식이 힘든 모습을 옆에서 지켜보고도 매우 행복하다 외친다면 공감 능력을 의심해볼 수 있겠지만 가족의 상황이나 감정으로 일상이 온통 좌지우지되지 않을 정도의 독립성은 갖고 있어야 한다고 믿는다. 이런 자세는 나와 가족 모두를 위해 좋은 일이고 서로 다른 개별적 인간이기에 당연한 현상이기도 하다.

나는 덕질할 때 온 우주에서 가장 행복한 사람이지만 그것은 아빠, 엄마의 행복과는 관계없다. 아빠가 라디오 뉴스를 듣고 논평하며 얻는 즐거움이 내 행복 센서에 꽃잎 한 장의 영향도 미치지 못하는 것처럼 말이다. 마찬가지로 엄마의 주식이 떨어져도 아빠는 넷플릭스 드라마를 보며 웃을 수 있다. 아빠가 다음날 대장내시경으로 금식해도 엄마는 본인이 좋아하는 라면을 끓여먹을 수 있다. 이건 선 넘었나?

이런 의견에 반기를 드는 사람도 있을 것이다. "애를 안 낳아봐서 그래", "부모 경험이 없어서 그래"라는 말에 내 의견이 맞다고 박박 우길 의지는 없다. "네가 뭘 하든 행복하면 그걸로 됐어" 하는 엄마에게, 아무 이야기나 하며 신난 나를 보고 덩달아 웃는 아빠에게 "내 행복은 둘과 전혀 상관없어!"라고 이야기할 철벽은 못 된다. 다만 공감과 반응을 넘어 감정의 기준이 서로가 되는 순간 미로에 갇힌다. 긍정적인 상황이라면 계속 그렇게 해야 모두가 행복하다는 부담이 생긴다. 부정적인 상황이라면 모두를 진창에 빠뜨린 듯한 죄책감이 들거나 위로를 받기보다 오히려 상대의 마음을 달래주어야 하는 피로가 생긴다. 엄마는 조카들이 아플 때 고생하는 언니를 보며 하루종일 한숨을 쉬고 수시로 전화를 걸어 속상한 심정을 숨기지 못하곤 했다. 이것이 과연 씩씩한, 아니 그 상황에도 씩씩하려 했던 언니에게 도움을 주었는지는 솔직히 모르겠다. 옆에서 지켜보던 나까지 기운이 쏙 빠졌는걸.

　행복의 원인이 가족 그 자체가 되는 상황도 분명 있다. 많다. 나는 부모님이 시청하는 예능 프로그램을 대체로 좋아하지 않는다. 특히 〈미운 우리 새끼〉는 정말 별로다. 하지만 그와 별개로 거실에서 부모님이 그 프로그램을 보고 웃는 소리에 나까지 웃음을 터뜨린 적이 많다. 웃음소리가 웃겨서는 (진짜) 아니고 아빠랑 엄마가 즐거워하는 모습이 웃기고 좋아서다. 아빠, 엄마의 모습에 웃음을 터뜨린 적도 많다. 한번은 운동을 마치고 집에 온 내가 땀냄새 때문에 부모님이 식사하는 식탁을 지나치며 몸을 웅크렸더니 다음과 같이 말했다.

아빠 : 엄마, 아빠는 그 정도로 예민하지 않으니까 그냥 지나가도 돼.
엄마 : 맞아, 그렇게 냄새 안 나.
아빠 : 맞아, 아빠는 코 막혀서 무슨 냄새가 나도 괜찮아. 네가 방귀 뀌어도 돼.
엄마 : 당신은 대체 작은딸을 뭘로 아는 거야!

차라리 가만있으라는 엄마의 일갈을 뒤로하고 화장실로 들어갔는데 웃음이 절로 번졌다. 귀여워서, 어쩌면 행복해서. 조카들처럼 가족 모두를 웃게 하는 존재가 있다면 우리의 감정은 한데 모여 더욱 증폭된다. 조카의 웃음소리에 모두가 웃고, 그 웃음소리에 한 번의 웃음이 두 번, 세 번이 되는데 어떻게 이 행복이 별개겠어.

건조한 의견을 꺼낸 것이 무색하게 우리는 이미 서로의 행복을 어느 정도 지탱하고 있다는 생각이 든다. 아이돌 덕질을 하고 홀로 고요히 재즈 LP를 감상할 때의 행복도 밀도 있지만 가족 때문에 느낄 수 있는 행복이 없다면 어딘가 아쉬운 느낌은 지울 수 없겠지. 어쩌면 이 둘 사이에서 균형을 이루는 것이 건강한 태도 아닐까. 나의 행복을 가족에게 의지하지 않되, 함께하는 행복도 느낄 수 있는 것.

캥거루족으로 인터뷰를 했습니다

 매일 오전 습관처럼 확인하는 메일함에서 어느 날 눈에 띄는 문구를 발견했다. 캥거루족의 일상을 드문드문 올렸던 플랫폼의 글을 보고 누군가 협업을 제안했다는 말. 빠르게 심장이 뛰며 기대감은 이미 천공을 뚫었다. 드디어 책을 쓰게 되는 건가, 아님 강연? 근데 내가 강연을 할 뭐가 있나? 뭐라도 상관없으니 이상한 장난만 아니었으면 좋겠다 생각하고 메일을 클릭하자 그 안에 쓰인 내용은 '인터뷰하고 싶다'는 말. 저를요? 제가요?
 여러 번 이메일을 주고받으며 파악한 상황은 이랬

다. 대학생들이 전공 수업 과제로 공모전에 제출할 다큐멘터리를 찍어야 해 고민하던 중 캥거루족으로 주제를 선정했다. 그리고 리서치 과정에서 내 글을 발견했다고. 주변 사람들에게 이야기하니 요즘은 이런 방식으로도 '도를 믿으십니까'가 상당수 접근한다기에 인터뷰 내용도 파악할 겸 준비된 질문을 보내달라고 요청했다. 추후 도착한 파일을 확인하는데 뭐랄까, 내용이 굉장히 패기 있었다. 사전에 의도한 바를 침해할까 조심스레 건넨 의견도 시원시원하게 수렴되었다. 이 정도 성의로 '도를 믿으십니까'를 하면 넘어갈 의향이 생길 정도로(비유적 의미다. 진짜였으면 바로 신고했을 것이다) 적극적인 모습에 안 해본 경험은 죄다 해보고 싶은 사람의 마음이 흔들렸다.

  출연을 결정한 이후에는 인터뷰 답안지를 정성 들여 준비했다. 혹여 개인적인 사례로만 접근하면 캥거루족의 극히 일부만 이야기할까 두려워 시킨 사람도 없는데 캥거루족으로 사는 지인들에게 직접 작성한 설문지를 돌려 의견을 받기도 했다. 하지만 인터뷰 제안을 받은 직후에는 무서움이 지배적이었다. 어떤 의도든 말이나 글로 표현된 이상 개개인의 굳어진 가치관과 생각에 따라 자의적으로 해석되는 것을 자주 보았다. 나 역시 그런 경험이 있었지만 대상이 되니 덜컥 겁이 났다. 누구에게든 욕먹는 것이 뻔해 보였다. 더군다나 과학적 진리 혹은 사회적 사실도 아니고 대체로 사회에서 부정적으로 언급되는 존재가 말하는 개인적인 일화에 근거한 이야기다. 게다가 닉네임에 숨어 이야기하는 것이 아니라 얼굴을 드러내고 '나 이렇게 살아' 말하는 것이 얼마나 부담인지. SNS 초창기, 나에 대한 많은 이야기를 공유하는 것이 무서워 파워 블로거가 되자마자 블로그를 닫은 이력이 있는 사람인데.

결국 선택한 방식은 결정을 다른 이에게 슬쩍 미루는 것이었다. 대상은 바로 부모님. 핑계는 이랬다. 만약 수상 후 방송이 나가면 아빠, 엄마 지인들도 볼 수 있고 혹여 모르는 사람들이 나에게 할 공격을 비틀어 난데없이 부모님을 공격할 수 있다. 그럼 내 결정 때문에 아빠, 엄마의 기분만 상하는 거잖아? 그러니 반대하면 안 할게. 자의식 과잉에 지극히 방어적이고 너무나 치사한 핑계였다. 엄마는 내 말에 이렇게 일갈했다.

그런 이야기에 일일이 신경쓸 거면 애초에 하지 말아라. 네가 하는 이야기의 대다수가 현재 주류에 해당되지 않는 이야기인데 그럴 때마다 이럴래?(당시 나는 비건 관련 SNS 계정을 운영중이었다) 쪼그라든 용기를 객기로 채울 만한 명언이었다. 준비하면 할수록 인터뷰이로서 준비한 성의만큼 결과물이 잘 나와서 꼭 공모전에서 수상하길, 기왕 인터뷰했으니 지상파 방송에 나오길 바라는 마음이 더 커졌다.

인터뷰 당일 감사의 표시로 인터뷰어가 사준 바닐라라테를 고쳐 잡으며 컵이 미끄러운 것은 내 손의 땀이 아닌 얼음이 녹아 생긴 물기 때문이라며 정신을 바로 잡았다. 어떻게 말해도 편집에 따라 의도한 바와 상관없는 맥락으로 소비될 수 있다는 점을 받아들이기로 했다. 미리 셀프 미디어 트레이닝을 했던 보람이 있었는지 스스로도 '꽤 괜찮다' 싶게 답했다. 사전에 주고받으며 일부 내 의견대로 수정한 질문지에 따라 캥거루족이 사회에 등장하게 된 원인, 캥거루족으로 사는 이점 등을 답했다. 내가 느낀 점 외에 주변 지인들이 느낀 점, 여러 기사와 커뮤니티 반응을 지켜보며 인상

깊게 생각했던 부분들을 종합해 최대한 거시적 관점에서 이야기하려 했다. 가장 노력한 부분은 '캥거루족이라는 한 단어로 묶이기에는 개인의 생활 방식과 이유가 각기 다 다르고 그만큼 다층적 관점에서 이 현상을 바라보아야 한다'는 점을 역설하는 일이었다. 공개될지, 안 될지는 모르겠지만 인터뷰의 성패는 거기에 달렸다고 판단했다. 휴.

인터뷰를 마치고 나오는 길에 인터뷰어에게 제안을 수락한 이유를 중언부언했지만 솔직한 마음은 내가 쓴 이야기에, 드라이브 속 쌓인 글에 책임을 지고 싶었다. 누구에게 닿았든 글을 올리며 전하고 싶었던 메시지를, 지인들과 캥거루족의 삶을 성토하며 의견을 나누었던 순간들을, 캥거루족에 관한 기사 혹은 예능에 대한 반응을 리트윗하고 좋아요를 눌렀던 시간들을. 그런 이야기를 잘 다듬어 공유할 수단이 있다면 앞으로도 기꺼이 힘을 실어 날아가도록 해야지 다짐했다.

캥거루족의 대표도 아닌 일원인 내가 이야기하는 힘이 얼마나 클지는 모르겠다. 가만히 있으면 가마니인 줄 아는 세상에 뭐라도 이야기할 거리가 있다는 것은 어쩌면 다행인지 모르고. 인터뷰 참여에 대한 감사 표현인지 모르겠지만 대본 담당자가 다큐멘터리를 구체적으로 기획할 당시 내 글이 모티프가 되었다고 말해준 순간은 그날 하루를 나의 시간으로 만들 만큼 기쁘고 행복했다. 이 글을 빌려 감사의 뜻을 전한다. 멋져 보이고 싶어 별걱정 없이 수락한 척했지만 사실 이처럼 소심하게 고군분투했다. 다큐멘터리가 공개된다면 이 글을 걱정 없이 선보일 수 있을까. 어찌 되든 괜찮다. 캥거루족 이야기는 여기서 끝날 것이 아니니까.

[에필로그]

 해당 인터뷰는 공모전 수상에 실패해 세상에 공개되지 못했다. 만세를 불러야 하나, 아쉽다고 해야 하나. 인터뷰 직후 썼던 이 글을 다시 읽으며 그사이에 무슨 일이 있었기에 인터뷰 하나도 전전긍긍했던 사람이 책까지 쓰겠다고 용기를 냈는지 궁금했다.

 대단한 일은 없었다. 그저 시간이 흘렀고, 캥거루족이라는 명칭에 반항하고, 새로운 정의를 내리거나 명칭이 무엇이든 잘 살면 그만이다 외치는 사람들을 보았다. 그 안에서 내 태도도 많이 변했다. 캥거루족이여, 들고 일어나자! 외칠 기개는 아직 부족할지 몰라도 내 옆에 붙은 이 수식이 대단히 불편하지 않다. 그래 보았자 남이 정의한 명칭에 일희일비하기에는 삶이 아깝다. 그 시간에 내가 사랑하는 걸 더 사랑하고, 아끼는 걸 더 소중히 유지할 테야.

전하는 말

몇 년 전 5월 8일의 일기.

(……) 사실 그 전에 유튜브 영상 몇 개를 보다가 연예인이나 유명인이 사는 집을 보고 약간 기가 죽은 상태였다. 나보다 어린 사람들도 벌써 억만장자가 되어 아빠, 엄마한테 차도 사주고, 집도 사주고, 가게도 내준다는데 나는 이게 뭐지. 등산복 브랜드 매장에 들어가 기능성 의류를 훑어보다 아닌 것 같아서 땡. 옷을 사자니 좋아하는 스타일을 딱 집어 사기도 애매하고 괜히 마네킹에 걸린 옷도 후줄근해 보이니 땡. 뭐 하나라도 제대로 해주고 싶은데. 번쩍번쩍한 차는 아니더

라도, 입 떡 벌어지는 집이 아니더라도 '받았다' 느낌 나는 선물을 해주는 일이 왜 이리도 어려운지(……).

또다른 몇 년 전 5월 8일의 일기.
(……) 지인 자식이 결혼하는 모습을 보니 엄마도 눈물이 났고 하객으로는 직장 동료들이 많이 왔고. 그러다가 빵! "너도 빨리 나가!!!!!" 결국 그 이야기가 나오고 말았다. 어차피 이 대화가 끝나려면 이 문장이 나와야 한다는 것을 알고 있었기에 "그럼 내쫓든가!!!" 하며 응수했지만 집에 있는 동안 너무 잘 해주어서 안 나간다는 둥, 앞으로는 잔소리를 해야겠다는 둥 엄마의 혼잣말에 왈칵 눈물이 날 뻔했다.

그랬는데 아니 내가 왜 울어? 여러 이유로 독립을 진지하게 고려했지만 지금껏 상호 동의하에 살아왔는데, 엄마의 분풀이 하나 때문에 모든 상황이 나로 인한 거라 생각해야 해? 마침 언니에게 전화가 왔기에 "엄마가 결혼식 갔다 와서 갑자기 나보고 나가라고 성질 내. 애초에 결혼할 맘도 없었는데 기분 나쁠 게 뭐야?"라고 조잘거리며 잠깐의 에피소드로 종결을 지어버렸다. 후. 결혼식 가지도 않았는데 기가 다 빨려.

그리고 2025년 5월 8일의 일기.
(……) 언니들 말마따나 범죄 저지르지 않고 1인분 몫 해내면 그뿐이지 뭘 더? 선물이 중한가. 떳떳하게 내 할일 하며 부모 속 안 썩여도 120퍼센트는 먹고 들어간다~~ 그리고 이런 삶도 있고 저런 삶도 있는 거지. 자식이기 전에 한 인간으로서 잘 살자.

원고를 취합하며 예전 일기를 찾아보니 심경 변화가 극심했다. 사실 이 책을 쓰며 소망한 건 세 가지였다. 첫째, '이렇게 사는 사람도 있다'는 사실 전달하기. 둘째, 어쩌면 부정했을지 모를 캥거루족이라는 정체성을 나의 일상으로 구체화하기. 셋째, 이 글로 인해 누군가가 '나도 저런 적 있어, 내 경우엔~' 혹은 '저건 아니지, 내 생각엔~' 하는 자신만의 감정을, 의견을, 일상을 떠올리게 하기. 그중 하나라도 성공했을지 모르겠다. 다소 꼴사납고 때로는 수용할 수 없는 의견들도 이 책을 본 이들에게는 의연하게 다가갈 수 있기를. 마지막으로 이 책의 모티브이자 일생 동안 논할 모든 주제의 근원인 영원한 뮤즈. 엄마, 아빠에게 이 책을 바친다.

2025년 10월

나목

전방 100미터에 캥거루족이 등장했습니다

초판 1쇄 인쇄 2025년 11월 7일
초판 1쇄 발행 2025년 11월 17일

지은이 나목

편집 박민영 이고호 | 디자인 윤종윤 이주영
마케팅 김다정 박재원 | 저작권 박지영 형소진 주은수 오서영 조경은
브랜딩 함유지 김은솔 박민재 이송이 박다솔 조다현 김하연 이준희 복다은
제작 강신은 김동욱 이순호 | 제작처 한영문화사

펴낸곳 (주)교유당 | 펴낸이 신정민
출판등록 2019년 5월 24일 제406-2019-000052호

주소 10881 경기도 파주시 회동길 210
문의전화 031.955.8891(마케팅) | 031.955.2680(편집) | 031.955.8855(팩스)
전자우편 gyoyudang@munhak.com

홈페이지 www.gyoyudang.com
인스타그램 @thinkgoods | 트위터 @think_paper | 페이스북 @thinkgoods

ISBN 979-11-24128-07-7 03810

* 싱긋은 (주)교유당의 교양 브랜드입니다.
  이 책의 판권은 지은이와 (주)교유당에 있습니다.
  이 책 내용의 전부 또는 일부를 재사용하려면 반드시 양측의 서면 동의를 받아야 합니다.

이 책은 경기히든작가 선정작으로 경기도와 경기콘텐츠진흥원의 지원을 받았습니다.